Los que discuten citando autoridades constantemente no utilizan su

La ciencia es el capitán y la práctica los soldados. Los que se ena...
sin ciencia son como el marino que navega sin timón y sin compás, que nunca sabe adónde va.

La ciencia instrumental o mecánica es de las más nobles y útiles, pues gracias
a ella todo cuerpo animado que posee movimiento lleva a cabo sus actos.

La noche de San Andrés he alcanzado la cuadratura del círculo; y fue al quedarme sin luz,
y al acabarse la noche y el papel sobre el que estaba escribiendo; la conclusión se produjo al final de la última hora.

Que no me lea quien no sea matemático.

Tomarás medidas de todos lo... ...renderás sus funciones, quién los mueve y cómo actúan.

Mientras el hombre tie... ...mazón de su carne,
en el mundo hay piedr... ...re tiene dentro
de sí una poza de sangre ... ...traen, así el cuerpo
de la tierra posee su océano... ...piración del mundo.

¿Qué es ... ...icos?

La mente de un ... ...e las cosas
que refleja y qu... ...ante él.

Cristofano de Casti, el ... ...rostro fantástico.

La con... ...tos
de cada figura de... ...a, etcétera.

El buen pintor tiene dos principal... ...imero es fácil, el segundo difícil.

Si no te basas en los fundamentos de la Naturaleza, trabajarás con poco honor y menos beneficio.

El que no tenga como modelo a la Naturaleza -maestra de los maestros- se fatigará en vano.

ROBERT BYRD

Leonardo,

HERMOSO SOÑADOR

ediciones
SerreS

LEONARDO

Recuerda la última vez que intentaste comprender algo muy complicado, como por ejemplo la estructura del ala de un pájaro, o un poema, o cómo está hecho el ojo humano. Puede que hayas intentado alguna vez dibujar una hoja de árbol, o la cabeza de un caballo, o una mano en todo su detalle. Sin duda muchas personas —quizás la mayoría— prefieren evitar tan arduas tareas y aceptar sencillamente las conclusiones a las que otros hayan llegado sobre dichos temas. Después de todo, solucionar un intrincado problema o descifrar un enigma puede ser agotador. Aunque también emocionante.

Hace quinientos años hubo un hombre que vivía dedicado a enfrentarse a esas "arduas tareas". Fue pintor e ingeniero, y nunca se conformó con las explicaciones de los demás. Él necesitaba comprenderlo todo —¡pero todo!— por sí mismo. Cómo vuelan los pájaros, por qué vemos, qué hace que la sangre fluya por todo el cuerpo, por qué el arco es tan resistente, por qué el color del cielo, cómo hacer que un cuadro comunique vida, emoción, misterio... Tampoco es que rechazara aprender de los demás. Aunque era un gran autodidacta, era a la vez un voraz lector al que le gustaba conversar con matemáticos, arquitectos, pintores, monjes, eruditos, reyes... para averiguar si los conocimientos que poseían podían ayudarle a resolver *sus propios* interrogantes, si estaban de acuerdo con *sus propias* apreciaciones. La clave, para él, era el estudio directo de la naturaleza. Con su prodigioso y tenaz poder de observación descubría leyes naturales que utilizaba después para imaginar y diseñar insospechadas maravillas. Ponía tanta intensidad y tanta pasión en sus investigaciones —y eran éstas de tan ambicioso alcance— que muy a menudo dejaba proyectos sin terminar para comenzar otros.

Ese hombre se llamaba Leonardo da Vinci, y vivió en ese vital periodo de la cultura europea conocido como Renacimiento (de 're-nacer'). Fue una época en la que se produjo una tremenda eclosión de artistas, intelectuales, comerciantes y políticos deseosos de potenciar la capacidad artística e intelectual del hombre, tal y como había sucedido en la cultura clásica greco-romana. Aunque también fue una época llena de peligros. El pueblo vivía a merced de las plagas, sometido a las inclemencias del tiempo y al despotismo de los poderes tiránicos. Había continuas guerras. Muy pocos eran los que podían leer y escribir y se desconfiaba de todo lo que no se comprendía. Leonardo, aun siendo un prestigioso artista, tenía que aislarse, llevar muy en secreto sus investigaciones científicas. ¿Quién podría haber imaginado que había llegado tan lejos en muchas de ellas? Aunque no fueron acertadas todas sus teorías, muchos de sus descubrimientos se anticiparon a lo que la ciencia y la tecnología de hoy en día asumen como verdades irrefutables.

Leonardo aconsejaba a sus discípulos respeto por la belleza, la bondad y la verdad. Entendía que todo en la vida está interconectado. Y defendía la idea de que todo ser humano, incluso el más humilde, posee la capacidad de crear y de hacerse preguntas que lo lleven a buscar y alcanzar a sus más hermosos sueños.

La posición de la tierra cambia hasta por el peso de un minúsculo pajarillo que se pose en ella.

La superficie del mar queda alterada por la caída de una gota de agua.

"Estos escritos tan detallados acerca de los milanos parecen formar parte de mi destino, porque figura entre los más tempranos recuerdos de mi niñez que cuando estaba en la cuna, un milano llegó volando hasta mí y me abrió la boca con su cola, y golpeó varias veces con su cola en mis labios." Estas pocas palabras de un recuerdo de su infancia son muy excepcionales en Leonardo. Aunque han sobrevivido al paso del tiempo cientos de páginas de notas, la mayor parte de ellas tratan de temas artísticos o son investigaciones científicas, por lo que las anotaciones personales son muy raras en sus escritos. Su atracción por el milano surgió a partir de su gran interés por el tema del vuelo.

·Vinci·

Florencia

EL PRESAGIO DEL MILANO

Hace más de quinientos años nació un niño muy especial cerca de la ciudad de Vinci, en la soleada campiña italiana. Una mañana, estando el bebé en su cuna, una plateada ave de presa se abalanzó sobre él. El temible pájaro dio varias vueltas alrededor de la cuna, provocando en los presentes una gran alarma. Su madre y los vecinos corrieron a proteger a la criatura, pero Leonardo, que así había de llamarse el niño, no parecía mostrar el menor miedo (sabemos que desde muy pequeño mostró un sorprendente grado de lucidez). Sencillamente extendió las manos como si quisiera tocar las imponentes alas del milano y sonrió al ver cómo la hermosa y alada criatura se elevaba alta, muy alta en el cielo, hasta perderse de vista.

El pájaro que Leonardo vio en su niñez era un milano. Aún pueden verse volando elegantemente en las montañas de Italia. Es famosa su habilidad para planear sin ningún esfuerzo en medio del viento durante largos periodos de tiempo. Tanto que recuerdan al vuelo de las cometas.

Leonardo coleccionaba todo tipo de cosas —minerales, plantas, insectos, etc.— y desde muy pronto comenzó a dibujarlas. Pensaba que comprendería mejor cómo era la estructura y cómo funcionaban las cosas si era capaz de plasmarlas en un papel. Así fue como llegó a hacer dibujos de una belleza y de un grado de detalle que dejaban atónito a todo el que los veía.

Ya de niño le fascinaban los movimientos de los animales y el desplazamiento de las nubes, así como las formas que la luz y las sombras generan en las superficies de los objetos o del agua en movimiento.

Lo más probable es que Leonardo viviera toda su infancia con su madre, Caterina, una sencilla campesina. Su padre, Ser Piero, procedía de una larga generación de grandes terratenientes y funcionarios. Ser Piero ni se quedó a vivir en la ciudad de Vinci ni se casó jamás con Caterina. Culto y ambicioso, se estableció en Florencia con idea de hacer fortuna.

Pasados los años, la madre de Leonardo se casó con otro hombre y tuvo con él más hijos. Leonardo entonces fue trasladado a la lujosa quinta donde había crecido su padre para ser educado por su abuelo y por su tío Francesco. Pero como sus padres no estaban legalmente casados, Leonardo no pudo tener una educación formal. Por lo que no podía nunca aspirar a ser notario, como su padre, o tener un alto cargo. Ni tampoco heredar las propiedades familiares. Es decir, que tendría que labrarse su propio camino en la vida.

Aprendió a leer y a escribir, pero lo que de verdad le interesaba

era la observación del mundo que le rodeaba. Era un muchacho solitario que pasaba la mayor parte del tiempo vagando por los campos y por las colinas de los alrededores de su casa. Si encontraba una tortuga, él quería saber cómo y por qué caminaba arrastrando su caparazón tan lentamente. O por qué tenían los conejos las orejas tan largas. Si al intentar tocar una rana, ésta daba un salto, él tenía que averiguar por que se movía tan rápido. Se conocía todos los estanques y todos los riachuelos de los alrededores de Vinci y aprendió a nadar por sí mismo observando los movimientos de las patas de las ranas. Estudiaba los pájaros que volaban allá arriba en el cielo, pero también los peces que nadaban a sus pies. ¿Acaso las aletas no son alas más pequeñas? ¿Cómo es posible que los murciélagos vuelen tan ágilmente con solo batir las alas en la oscuridad? Si él había aprendido a nadar observando las ranas, ¿podría el ser humano aprender a volar estudiando las aves?

Un día diseñó el escudo de uno de los aparceros de su padre con un dragón. Pretendía hacer el monstruo más terrible que nadie pudiera concebir, para lo que utilizó lagartijas, murciélagos, serpientes, saltamontes, gusanos y otros fragmentos de las más extrañas criaturas que pudo encontrar. Aquello apestaba, lo cual no pareció molestarle demasiado. Logró incluso que de los hocicos del dragón saliese humo y que su boca lanzara llamaradas, y lo cubrió todo con una capa de pintura.

Cuando su padre lo vio salió de la habitación corriendo y gritando. "Estupendo", dijo Leonardo lleno de orgullo, "está claro que este monstruo da miedo".

Dijo que para hacer un dragón había que "conseguir la cabeza de un mastín... los ojos de un gato, las orejas de un puerco espín... las cejas de un león... y el cuello de una tortuga."

Un tío de Leonardo, el joven Francesco, gran amante de las ciencias naturales, enseñó a su sobrino todo lo que sabía sobre animales y plantas: le explicó por qué se levanta y se pone el sol, la evolución de las estaciones del año, los cambios del clima... Pero el ansia de conocimientos de Leonardo nunca quedaba satisfecha. Y pronto empezó a hacer preguntas a las que nadie sabía responder.

Se preguntaba, observando una tormenta, por qué la luz del relámpago restalla antes de que suene el trueno. Si lanzaba una piedra a un estanque, necesitaba saber qué era lo que hacía que en el lugar donde había impactado surgieran círculos que avanzaban hacia los bordes. Si intentaba acercarse a los patos y éstos huían veloces, quería saber por qué eran capaces de moverse tan ligeros sobre la superficie del agua, en tanto que las piedras se hunden inmediatamente. En una ocasión fue testigo de la destrucción de las casas y de las huertas del valle, arrasadas por una tormenta. Aquella visión generó en él un sobrecogedor respeto por la fuerza del agua, respeto que le acompañó hasta su muerte.

Las colinas que rodeaban Vinci estaban plagadas de escarpados roquedales y de umbrías cavernas. Un día se acercó a la entrada de una de ellas. Había una densa oscuridad que le hizo echarse a temblar, pero al final la curiosidad pudo más que el miedo y el chico penetró en su interior, donde halló un montón de huesos y gran número de caracoles marinos.

¿Pertenecerían aquellos huesos a algún antiguo monstruo? ¿O a algún colosal pez? Porque, ¿cómo era posible que aquellos caracoles marinos se encontraran tan lejos del mar? ¿Habría cubierto el océano aquellas colinas hacía mucho tiempo, tal vez cuando aquellos huesos pertenecieran a alguna criatura viviente?

Leonardo no tardó mucho en abandonar Vinci y alejarse de su tío Francesco, pero nunca dejó de observar el mundo que le rodeaba con el asombro y el deleite de un niño. La naturaleza despertaba en él una gran curiosidad, y las respuestas que hallaba para sus propias preguntas estimulaban su ingenio.

"Si lanzas una piedra a un estanque, las ondas que golpean contra la ribera regresan luego al lugar donde cayó la piedra."

"¿Cómo hace el mar para arrastrar moluscos, caracoles y cosas semejantes del fondo del mar y depositarlas en las playas?"

Francesco murió sin descendencia y dejó toda su herencia a Leonardo.

"Me aventuré por unas tenebrosas rocas. Y tras permanecer allí un rato, surgieron de repente en mí dos emociones: miedo y deseo. Miedo de la amenazadora y oscura caverna, deseo de ver si había alguna maravilla allí dentro."

A los trece años de edad, Leonardo dejó la tranquila ciudad de Vinci para irse a vivir con su padre a Florencia.

A menos de una jornada de viaje del pueblo, la vida en aquella magnífica y próspera ciudad debió de parecerle al pequeño Leonardo todo un universo. Florencia, por entonces, estaba llena de mercaderes que vendían productos llegados de todo el mundo conocido. Juglares, músicos y campesinos en sus carros de bueyes abarrotaban las avenidas, en tanto que elegantes caballeros paseaban del brazo de sus damas.

La Florencia del Renacimiento era un estado independiente, con su propio gobierno, su propia cultura, su ejército, y hasta moneda propia. Los poderosos Medici, la familia más rica de la ciudad, eran ilustres protectores de las artes. Gran número de escultores, filósofos, científicos, poetas y arquitectos se habían trasladado a Florencia atraídos por el dinero y la generosidad de los Medici, y convirtieron la ciudad en un lugar especialmente interesante y bello.

Hacía siglos que llevaba construyéndose en el centro de la ciudad una magnífica catedral llamada del Duomo (la cúpula). Y se utilizaban máquinas diseñadas por Brunelleschi, el brillante arquitecto, para transportar los materiales de construcción a lo más alto de la impresionante cúpula roja en construcción.

Leonardo compraba pájaros enjaulados en el mercado y los soltaba en una habitación para estudiar sus movimientos. La gente se reunía para ver cómo el muchacho, después de haberlos estudiado y dibujado, los dejaba en libertad.

Pues bien, el joven Leonardo se entusiasmó con aquellos aparatos, lo que constituye el origen de su futuro y permanente interés por la mecánica y por la tecnología. La gran cúpula de Brunelleschi, el más importante hito de la arquitectura del Renacimiento, aún se destaca en el horizonte de Florencia.

A lo largo de los siglos, Florencia ha sido cuna de importantes artistas. Entre los más conocidos están: Dante el poeta, Giotto el pintor, y el rival de Leonardo, Miguel Ángel. Sin tener que recorrer una gran distancia, acudía a ver trabajar al arquitecto Alberti y, un poco más allá, a Donatello, el escultor.

Leonardo, además de elegante, era alto y bien parecido, y tan fuerte que impresionaba a la gente realizando proezas sobrehumanas, como por ejemplo, doblando en público gruesas herraduras sólo con las manos. Muy pronto se convirtió en un personaje muy popular en la ciudad, al que se podía ver tomando bocetos de cualquier cosa que despertara su interés, y admirando la belleza de las elegantes iglesias y plazas de Florencia.

Un día, Ser Piero decidió mostrar algunos dibujos de su hijo a Andrea Verrocchio, famoso escultor y maestro artesano, cuyo prestigioso taller producía buena parte de las obras de arte que la alta sociedad florentina demandaba. Y a los 14 años de edad, Leonardo se trasladó al estudio del maestro artesano para comenzar su periodo de aprendizaje.

En aquella ciudad tan espléndida para con la cultura y el arte, en el taller de Verrocchio, fue donde Leonardo pasó los siguientes 12 años de su vida. Aquel niño de Vinci no podía haber hallado en todo el mundo mejor lugar para investigar, aprender e inventar.

Andrea del Verrocchio.

Andrea del Verrocchio es fundamentalmente conocido por su estatua de David, el personaje bíblico. Esta esbelta escultura fue realizada por la época en que Leonardo trabajaba en el taller de Verrocchio, por lo que se sospecha que el apacible rostro del jovencísimo David fue modelado en realidad por Leonardo. Verrocchio y su discípulo trabajaron juntos en un cuadro titulado "El bautismo de Cristo". Un pasaje bíblico que nos muestra a dos ángeles arrodillados a los pies de Jesús y de San Juan Bautista. Habitualmente los maestros del Renacimiento pintaban solo ciertas partes del cuadro y dejaban que los aprendices hicieran el resto, hasta en sus mínimos detalles. En el Bautismo de Cristo, Verrocchio dejó el último ángel a su discípulo. Es éste un ángel en actitud de adoración a Jesús que destaca por su grácil y expresiva belleza. Su biógrafo del siglo XVI, Vasari, dejó escrito que Verrocchio, al verlo, dejó de pintar, pues vio que había sido superado por su discípulo. "Pobre es el discípulo que no supera a su maestro", escribió Leonardo.

Aunque Florencia era la ciudad italiana donde más respeto había por el arte, las bellas artes, eran aún consideradas menos importantes que las artes liberales, tales como las matemáticas y la filosofía. De hecho, había artistas que jamás se tomaron la molestia de firmar sus obras, y así la mayoría de los artesanos que hicieron de Florencia una ciudad tan hermosa nos resultan ahora totalmente desconocidos.

Leonardo fue uno de los muchos aprendices que vivían y estudiaban en el taller de Verrocchio. El maestro les instruía en todas las facetas de su actividad artesanal. Al principio tuvo que barrer los suelos y hacer recados, pero también comenzó a dibujar. Pronto aprendió a preparar bastidores, a hacer pinceles, a moler pigmentos y a mezclar colores. También hizo esculturas en madera y barro, y estudió metalistería en oro, plata y bronce.

En aquella época, los artistas debían poseer muchos conocimientos para satisfacer las exigencias de patronos y clientes. En el taller de Verrocchio, Leonardo diseñó muebles para lujosas mansiones, trajes de carnaval, instrumentos musicales e incluso instrumental quirúrgico. Estudió matemáticas para aprender perspectiva, técnica pictórica que se utiliza para crear la ilusión de profundidad, y gracias a la cual las escenas representadas en soportes planos adquieren apariencia de tridimensionalidad. También estudió anatomía humana y animal con objeto de que sus dibujos parecieran más vivos, más reales.

En aquel taller había una gran actividad, con equipos de artistas permanentemente trabajando en complicados proyectos. Tal vez se realizaba al mismo tiempo un retablo, una escultura de mármol, una colección de joyas, los planos arquitectónicos de un palacio o una impresionante carroza de boda. Inmerso en esta energía creativa del Renacimiento, Leonardo destacó muy pronto en todas las ramas artísticas, especialmente en pintura, y Verrocchio le fue confiando encargos cada vez más complicados.

En 1472, con 20 años, Leonardo pasó oficialmente de aprendiz a maestro. No obstante, permaneció en el taller de Verrocchio algunos años más ayudando a los nuevos aprendices y colaborando con él en importantísimas obras de arte.

A pesar de ser un artista prodigioso, que en el taller despuntaba sobre el resto por su entusiasmo e imaginación, los primeros pasos de su carrera como pintor no fueron especialmente buenos. A lo largo de toda su vida, las nuevas ideas que producía su fecunda imaginación lo atrapaban de tal manera que siempre tenía problemas para terminar lo que había comenzado, y eso ya le ocurrió con los primeros encargos de pintura y de escultura que tuvo en Florencia. Puede que éste sea uno de los motivos por los que, con cerca de 30 años de edad, decidió que había llegado el momento de abandonar a Verrocchio y marcharse de Florencia. De buscarse la vida en otros lugares.

La próspera ciudad de Milán, al norte de Florencia, alardeaba de tener una magnífica universidad, buenos músicos y arquitectos, y de ser escenario de feroces intrigas políticas. Un duque cruel, Galeazzo Sforza, gobernó la ciudad hasta que fue asesinado en el año 1476. El tímido Gian, hijo del duque, fue el heredero del título y de una vasta fortuna, pero con 8 años de edad era demasiado joven para asumir el poder. Cuando Gian cumplió trece años, su tío Ludovico Sforza pidió la tutela de su sobrino, tomó Milán bajo su poder y gobernó el rico ducado como si de una corte real se tratara, con todo tipo de lujos.

Ludovico, empeñado en que ninguna ciudad europea pudiera competir con Milán, y en especial la esplendorosa Florencia, gastó ingentes sumas de dinero para dejar impresionados a los poderosos invitados de su palacio. Bailes de máscaras, grandiosos espectáculos, artistas, magos, joyas, incluso trajes bordados en oro... Ludovico no escatimaba riquezas para darle mayor gloria a Milán. Bajo su mandato, la ciudad se convirtió además en un importante núcleo industrial y comercial. Modernizó la agricultura e introdujo un nuevo cultivo: el arroz. Construyó canales, carreteras, escuelas... Después de su boda, su esposa, Beatrice d'Este, llevó con ella un gran número de intelectuales y poetas de toda Italia para engrandecer y dar lustre a su corte.

El laúd que Leonardo diseñó y entregó a Ludovico tenía forma de cabeza de caballo con cuernos de carnero y pico de pájaro, y había que tocarlo al revés. Las cuerdas del laúd, que se tocaba con arco, como los violines, se tensaban en el paladar del caballo.

En 1482, a los 30 años de edad, Leonardo tuvo la oportunidad de ir a Milán como portador de un regalo de los Medici de Florencia a Ludovico: un bellísimo laúd de plata hecho por el propio Leonardo. Fue ahí donde se planteó que un hombre tan rico y ambicioso podía ser un excelente mecenas para él. Antes de partir, el artista le había enviado una curiosa carta en la que le presentaba sus innumerables talentos. En ella aseguraba ser capaz de construir puentes y de diseñar todo tipo de nuevas armas, fusiles, naves de guerra y "grandes cañones". También decía ser capaz de construir edificios públicos y privados "capaces de competir con cualquiera en arquitectura..." Al final de una larga lista de autoalabanzas, Leonardo añadía: "Puedo esculpir en mármol y en bronce, o en arcilla, y puedo pintar cualquier cosa tan bien como cualquier otro, sea quien sea."

De todas sus capacidades, en principio a Ludovico le interesó sobre todo su talento musical y artístico, además de su ingenio para divertir a las damas y a los señores de la corte. Con motivo de la extravagante boda entre Beatrice y Ludovico, se organizaron mascaradas, espectáculos teatrales, grandes banquetes y conciertos. Trabajó en el evento un gran número de artistas. Leonardo diseñó el vestuario de unos actores que se disfrazaron de "salvajes" para asustar a las damas, así como unos espectaculares fuegos artificiales que duraron toda la noche.

Pero Leonardo tenía planes más ambiciosos. Se sabía que Ludovico deseaba erigir un monumento a la memoria de su padre, legendario general: una estatua de bronce del militar montado en su caballo. Al final de su extraordinaria carta a Ludovico, Leonardo había escrito: "Aún más, podría realizar el caballo de bronce para la inmortal gloria y el eterno honor de su señor padre."

· Morera de Ludovico ·

A Ludovico le llamaban "Il moro".
Tal vez porque tenía la piel oscura, o porque en su escudo había una morera, o por ambas cosas.
En italiano y en español, 'moro' significa habitante de Marruecos. En italiano, 'moro' además quiere decir "de piel oscura" o "moreno", y es también el nombre que se le da a la morera.

Tras varios años presentando bocetos y proyectos, Leonardo consiguió por fin el encargo de realizar la estatua honorífica del general Sforza. El caballo tendría como mínimo casi 7 metros y medio de alto —tres o cuatro veces su tamaño natural— y técnicamente sería la más ambiciosa estatua ecuestre jamás realizada. Habría que hacerla primero de barro y después fundirla en bronce, vertiendo el metal líquido en moldes de arcilla.

Tras más de diez años elaborando el proyecto, Leonardo consiguió realizar el modelo de arcilla a su tamaño definitivo. Fue exhibido a bombo y platillo en Milán en 1493. "Vítores al vencedor: tú, Vinci, has vencido", cantaban en su honor los poetas de la corte.

Pero el triunfante Leonardo debía concentrarse después en la fundición, titánica tarea, ya que para hacer el gigantesco monumento se requerían 80 toneladas de bronce. Ludovico consiguió reunir el metal necesario para la escultura, pero cuando surgió la amenaza de una guerra contra Francia, decidió que el arte bien podía esperar. El bronce reservado para el caballo fue fundido de nuevo para hacer cañones. Al final, los victoriosos soldados franceses entraron en Milán. Los arqueros del ejército invasor utilizaron el colosal caballo de barro como blanco de sus prácticas de tiro y lo destruyeron.

En 1490, Ludovico organizó la boda de su sobrino, el Duque Gian. Para la celebración, Leonardo construyó el decorado de una obra teatral: "Il paradiso" ("El paraíso"). Consistía en una montaña hueca que se abría para mostrar una espectacular visión de la gloria. En su contorno había antorchas que ardían como estrellas iluminando los signos del Zodíaco. Estrellas consideradas como influjos del destino, influencias astrológicamente importantes. Los actores, que representaban planetas, aparecían suspendidos desde lo alto girando en sus órbitas, y al final descendían de los cielos para felicitar a la novia. Los invitados quedaron tan impresionados por el espectáculo que había diseñado Leonardo, que su fama comenzó a crecer.

Para diseñar la estatua, Leonardo acudía a los establos del duque, donde realizó un sinfín de bocetos de caballos y diseccionó cadáveres. A la hora de decidir las posturas del caballo y del jinete realizó modelos en cera. Su primera idea, para la que hizo cientos de dibujos, fue modelar un caballo levantado de manos. Al final llegó a la conclusión de que una estatua tan grande era demasiado pesada para poder sustentarse sólo en dos puntos, y diseñó un caballo que se apoyaba en tres patas. Estos dibujos están considerados como los más perfectos estudios sobre el caballo que se hayan realizado nunca.

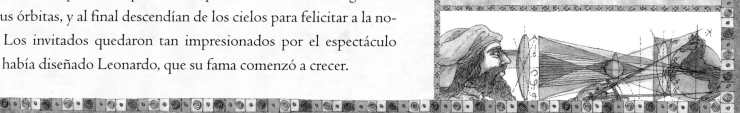

EL REFECTORIO DE LOS MONJES

En 1495, cuando Leonardo aún estaba inmerso en la creación del monumento, Ludovico le encargó que pintase una de las paredes del refectorio de la iglesia de Sante Maria delle Grazie. Se trataba del comedor de un monasterio de Milán en el que vivía una comunidad de monjes. El refectorio era el lugar ideal para plasmar un pasaje bíblico que Leonardo llevaba más de quince años deseando pintar: la Última Cena. Según el Nuevo Testamento, la noche anterior a su crucifixión, Jesús cenó con sus discípulos y bendijo el pan y el vino.

Leonardo pensó que era importante, como pintor, expresar los sentimientos de los personajes, por lo que eligió un momento de la cena muy emotivo. El cuadro muestra cómo reacciona cada uno de los doce apóstoles ante la frase de Jesús: "Uno de vosotros me traicionará". La expresividad de las posturas de los apóstoles, de sus gestos, de sus manos, de sus rostros, nos transmite los sentimientos de sorpresa, de rabia, de espanto o incluso de culpa de sus discípulos. La capacidad de Leonardo para reflejar tan grandes pasiones convierte una escena que podría ser puramente costumbrista en un acontecimiento realmente único.

Su talento, su gran imaginación y sus amplios conocimientos de perspectiva, hicieron que el fresco, de 4,20 metros de alto por 9 de ancho, pareciese una prolongación del comedor. La mesa, los platos y las copas son semejantes a las que usaban los monjes. Y sin embargo, de hecho, el espacio recreado en la pintura está a mayor escala que el real, que el de la sala. Además, es una perspectiva que organiza las figuras de tal modo que prácticamente obliga al espectador a enfocar directamente la mirada sobre la figura de Cristo, en tanto que la luz de la ventana que hay a sus espaldas semeja su halo.

Hay personas que consideran la "Última Cena" la obra más importante de Leonardo. Se trata de un cuadro que ya en vida le dio gran fama en toda Europa y que desde hace 500 años ha sido estudiado y copiado infinitas veces. La especial técnica con que fue pintado y los estragos del tiempo han obligado a llevar a cabo múltiples restauraciones y han generado grandes polémicas. El monasterio ya no se usa como tal, los monjes se fueron, pero esta magna obra continúa traspasando las dimensiones del muro en el que fue pintado, y constituye una de las más importantes obras de arte que jamás se hayan creado.

Para pintar sobre los muros se solía emplear una técnica denominada "al fresco", a base de yeso y de pintura al agua. Esta modalidad exigía que el artista trabajara a gran velocidad. Como a Leonardo le gustaba trabajar despacio (tardó tres años en acabar la "Última Cena"), decidió utilizar pintura al temple (al huevo). Para ello cubrió primero la pared con barniz, con el fin de protegerla de la humedad, pero desafortunadamente el barniz reaccionó con el ácido y la sal de la propia pared y los resultados fueron desastrosos: poco después de terminarlo, el temple comenzó a escamarse y a desprenderse del cuadro. Quince años después solo se veían formas borrosas. La "Última Cena" ha sido restaurada en múltiples ocasiones.

Leonardo utilizó sus conocimientos de matemáticas para componer el cuadro. Organizó espacialmente a los apóstoles en cuatro grupos de tres y dejó a Jesús, solo, pleno de serenidad, en el centro.

Leonardo recorrió las calles de Milán en busca de modelos para sus apóstoles y rebuscó en las cárceles para dar con su "Judas". El padre prior, al ver que el cuadro no se terminaba nunca, protestó por la "ociosidad" de Leonardo, entonces el pintor sugirió utilizar como modelo el rostro del prior, y así ahorrar tiempo.

Leonardo acudía al monasterio al amanecer y trabajaba durante todo el día, sin comer, hasta que la oscuridad lo obligaba a dejarlo. Había veces que se quedaba de pie en el andamio durante horas, con los brazos cruzados y sin tocar un pincel, totalmente absorto en la contemplación del cuadro.

También es célebre su capacidad para trabajar rodeado de gente, conversando con unos y con otros mientras pintaba, y prestando interés a todos los comentarios. Dejó escrito: "Un pintor nunca debería negarse a escuchar las opiniones de los demás, incluso aunque no sean pintores, pues todo el mundo tiene ideas valiosas sobre el aspecto de las personas. Escucha pacientemente las opiniones de los demás y reflexiona sobre ellas." También dijo: "El pintor que nunca tiene dudas, poco logra."

Aunque contaba historias de animales y de cazadores, sabemos que era vegetariano y que estaba en contra de la muerte de cualquier criatura, tanto para alimento como por deporte. "Verdaderamente, el hombre es el rey de las bestias, porque sobrepasa en brutalidad a todas las demás. Vivimos gracias a la muerte de otros, ¡somos lugares de sepultura!"

Seguramente Ludovico se sentía muy satisfecho de los numerosos y variados éxitos de Leonardo y de su creciente fama. Tras nueve años en Milán, le otorgó el título de "ingeniero ducal". Aunque no ganaba demasiado dinero, un ingeniero del duque contaba con la comodidad de un taller propio y la ayuda de sirvientes y discípulos.

Cuando no estaba inmerso en grandes proyectos, Leonardo trabajaba para la aristocracia milanesa. Hizo el retrato de algunas damas y entretuvo a los miembros de la corte con inteligentes adivinanzas y sorprendentes cuentos. Escuchar historias de lejanos y extraños países y de aún más extraños animales era una de las diversiones favoritas de la corte. A pesar de todas sus riquezas, pocos de entre los no-

Uno de los cuentos favoritos de Leonardo era el del unicornio. Según la leyenda, no había cazador capaz de atrapar por sus propios medios a esta rara y esquiva criatura que, sin embargo, podía quedar presa de amor en el regazo de una dama, y ser así fácilmente atrapada. Había muchos que creían en la existencia del unicornio y en los mágicos poderes de su cuerno. Puede que su apariencia provenga de la descripción del rinoceronte, animal africano con uno o dos cuernos en su frente, o del narval, una ballena ártica con un largo colmillo de marfil. Los marinos y los viajeros que regresan de lejanos países suelen exagerar cuando cuentan lo que han visto.

bles que constituían el expectante auditorio de Leonardo se habían aventurado nunca fuera de Italia. Viajar era peligroso, y los países que quedaban más allá de los límites de Europa eran considerados misteriosos y exóticos. El seductor Leonardo demostró ser un magistral narrador. No es difícil imaginarlo dejando impresionados a unos inocentes aristócratas con cuentos de lejanos lugares y fabulosas bestias.

¿Hasta qué punto había él conocido animales exóticos o viajado a lejanos países? No podemos saberlo. En 1513, mientras trabajaba para el Papa León X en Roma, Leonardo sí pudo haber visto algún animal exótico en el zoológico del Vaticano.

Leonardo dijo: "El elefante tiene virtudes que raramente se hallan en el hombre: justicia, honradez... es agradecido y compasivo." También declaró que "por su enorme peso, es incapaz de nadar", y que come piedras. En realidad, el elefante no come piedras, y nada muy bien.

Leonardo admiraba el maravillosamente organizado mundo de las abejas. Observó: "Viven juntas en comunidad... algunas tiene como tarea permanecer entre las flores, otras trabajar... otras quitar la suciedad, otras acompañar y atender al rey."

"La abeja", escribió, "es semejante al engaño, pues tiene miel en la boca y veneno detrás".

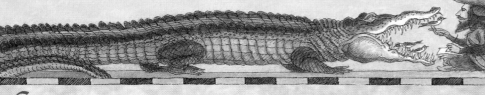

Disfrazó de monstruo a un lagarto para dar un susto a sus amigos.

Sobre el cocodrilo, Leonardo dijo que vivía en el río Nilo, lo que es cierto, pero también declaró que "puede llegar a medir doce metros", lo cual es una exageración. En sus libros de notas menciona un pájaro que se posa entre sus dientes y se los limpia. Curiosamente, en Egipto hay un tipo de chorlito que se alimenta de los insectos parásitos que viven entre los dientes del cocodrilo.

Tenía un puercoespín amaestrado y se lo pasaba en grande cuando lo metía entre las piernas de sus invitados.

Escribió que el hipopótamo tiene "dientes de cerdo y melena". Es evidente que el hipopótamo no tiene melena, pero sí tiene alguna relación con el cerdo, y posee el mismo tipo de dientes.

Leonardo estudió fonética, la ciencia que estudia los sonidos del habla, con el fin de descubrir si los animales podían aprender a hablar. "El hombre hablará con todo tipo de animales, y ellos contestarán en la lengua del hombre", vaticinó. Diseccionó la mandíbula de un cocodrilo y la lengua de un pájaro carpintero para compararlas con la mandíbula y la lengua de los humanos e intentar comprender qué hace que el hombre pueda hablar.

Leonardo se divertía inventando extrañas criaturas. Su "Amphisbaena" tenía dos cabezas, y ambas podían lanzar veneno.

LOS FANTÁSTICOS CUADERNOS

A partir de sus primeros años en Milán, Leonardo desarrolló un sistema particular de escritura con el que comenzó a reseñar en unos pequeños cuadernos de papel de hilo sus ideas sobre cualquier tema que atrajera el interés de su inquieta mente. Sus dibujos y notas ocupaban más de 13.000 páginas sobre muy diversas materias, pero la mitad de ellas se han perdido.

Como sucede a los temperamentos enérgicos, sus cuadernos no observan ningún orden en absoluto: Leonardo siempre esperaba poder organizar sus páginas más adelante. Como el papel era muy valioso, palabras e imágenes aparecen muy juntas en cada hoja, para ahorrar espacio. Hay dibujos de anatomía casi pegados a mapas y a diseños de ciudades. Sugerencias para la cena de una noche comparten página con un problema de geometría o con los planos para la construcción de un canal. Confió también a la intimidad de sus cuadernos muchas meditaciones personales, pensamientos irónicos e incluso reflexiones tristes relacionadas

con la inevitable proximidad de la vejez. Leonardo todo lo escribía al revés, de derecha a izquierda, excepto si estaba destinado a ser leído por otras personas. Se trata de una escritura inversa perfectamente legible con la ayuda de un espejo. ¿Por qué la utilizaba, entonces? Nadie sabe a ciencia cierta. Tal vez porque quería mantener sus notas en secreto. También puede que, pensando en publicarlas algún día, quisiese evitar que le robasen sus ideas. Sabemos, además, que la Iglesia consideraba peligrosos muchos de sus planteamientos. O puede que fuese para él algo absolutamente natural, teniendo en cuenta que era zurdo. Por otra parte, al escribir de derecha a izquierda se evita que se borre la tinta de lo que se va escribiendo. Puede que, sencillamente, utilizara la "escritura en espejo" como un simple entretenimiento, o que le pareciera algo muy original.

Leonardo necesitaba comprender el funcionamiento exacto de todo, por lo cual se cuestionaba cosas que nadie antes se había planteado. En sus cuadernos nos transmitió sus ideas relacionadas con la ciencias naturales expresadas además con la delicadeza y la energía de un artista. Es una fascinante visión del interior de la mente de un genio.

"Esta será una recopilación de notas sin orden, compuesta por muchos papeles... Tendré que repetir lo mismo muchas veces... porque hay muchos temas y la memoria no puede guardarlos todos."

ASTRONOMÍA

MEDICIONES

ARQUITECTURA

ÓPTICA

FÍSICA

Los romanos descubrieron que, construido con matemática perfección, el arco semicircular puede soportar gran cantidad de peso. Leonardo hizo multitud de estudios sobre el arco, tratando de demostrar su resistencia. "Un arco no es más que una gran fuerza levantada sobre dos debilidades", escribió. En sus notas explica que el arco está compuesto por dos cuartos de círculo débiles en sí mismos, pero que colocados juntos en lo alto de una ventana o una puerta, conforman un semicírculo muy poderoso. Unidas, "las dos debilidades se convierten en una firmeza."

Leonardo aprendió los principios de la arquitectura —o sea, el diseño de edificios sólidos y al tiempo bellos— estudiando las ruinas romanas y la obra de los arquitectos del Renacimiento. Siendo aprendiz en el estudio de Verrocchio le impresionó sobremanera la construcción de la gran cúpula de la Catedral de Florencia, de Brunelleschi. El círculo era su forma geométrica preferida, y uno de sus diseños más conocidos es el de una gran cúpula rodeada por otras más pequeñas.

En Milán trabajó con Bramante, un arquitecto muy innovador que construyó varias iglesias, primero para Ludovico y más tarde para el Papa Julio. Leonardo proporcionó muy útiles recomendaciones para la construcción de la catedral de Milán, que ya estaba en marcha cuando él llegó. Se trataba de un proyecto muy complejo, con más de un siglo de antigüedad y motivo de grandes controversias. En su opinión el edificio estaba "enfermo" y hacía falta un arquitecto que hiciera el papel de médico. Incluso entró en liza para el diseño de la cúpula de la catedral.

En 1485, la peste mató a uno de cada tres habitantes de Milán. Leonardo culpó del desastre a las sucias e insanas condiciones de vida y se dispuso a diseñar una ciudad ideal. En sus planos había canales de agua por dónde sacar las basuras "para que el aire de la ciudad no esté contaminado." Dibujó grandes avenidas para que dispusieran de abundante aire y sol, con un nivel elevado para uso de los viandantes. Y diseñó escaleras entre los distintos niveles, mostrando gran interés por la movilidad de las personas en la ciudad.

De cualquier forma, a Leonardo parecía que le preocupaba que sus ideas arquitectónicas fueran innovadoras, y no tanto que fueran realizables. La mayoría de sus proyectos no se llevaron nunca a la práctica.

Mientras estudiaba los caballos del Duque para el gran monumento a su padre, Leonardo levantó los planos para la construcción de unos establos-modelo con toda suerte de innovaciones técnicas (máquinas para bombear agua hasta los abrevaderos, canales en los muros para rellenar automáticamente los pesebres de forraje, túneles subterráneos para retirar el estiércol…). Veinticinco años más tarde, dichos planos se utilizaron para construir los nuevos establos de los Medici en Florencia, con cabida para 128 caballos. De todos sus diseños arquitectónicos, estos establos representan su única obra hecha realidad, pero aún se mantienen en pie. El edificio alberga actualmente el *Istituto Geografico Militare*.

Leonardo pensó que las balas de cañón del enemigo rebotarían en esta fortaleza de muros redondeados. Cada muro estaba rodeado por una fosa.

Proyectó un puente para el sultán de Turquía que tendría más de 300 metros de longitud, y "tan elevado que pudieran pasar por debajo los barcos de mayor envergadura."

Tras la epidemia de peste, con el fin de que la ciudad recuperara su belleza y su atractivo, Ludovico encargó nuevos monumentos y proyectos arquitectónicos. Leonardo aportó algunos diseños de torres, de fuentes y de iglesias y los planos de una ciudad ideal. También realizó estudios sobre la seguridad de los edificios. Hemos hallado en sus anotaciones un estudio sobre las grietas de las paredes y reflexiones sobre los efectos de los terremotos en los cimientos. Además investigó la resistencia de diferentes materiales y métodos para construir estructuras más fuertes.

La distancia que abarca un hombre con los brazos extendidos es igual a su altura.

Vitrubio, arquitecto romano, sostenía que un hombre con los brazos y las piernas extendidas se inscribe perfectamente en un cuadrado y en un círculo. Muchos estudiosos renacentistas aceptaban esta teoría, pero al dibujar la figura humana en dichas proporciones surgían distorsiones evidentes. Tras estudiar el problema, Leonardo corrigió las mediciones de Vitrubio y halló proporciones más exactas. "¿Con qué palabras, oh, tú, poeta, podrías, con igual perfección, transmitir [lo que] un dibujo expresa?"

Compara la pierna de una rana con la de un hombre tienen gran parecido.

¿Cómo caminamos? ¿Cómo funcionan los músculos y los huesos? Leonardo visitó algunos hospitales con la idea de ver cómo trabajaban los médicos. En 1503, ya en su nuevo taller en el hospital de Santa María Novella de Florencia, asistía a intervenciones quirúrgicas y por la noche diseccionaba cadáveres, en algunas ocasiones de presidiarios. Aunque la Iglesia se oponía a las disecciones, en su vejez Leonardo se jactó ante el Cardenal de Aragón de haber realizado dichas espantosas actividades. "[Yo he] diseccionado los cadáveres de más de treinta hombres y mujeres de todas las edades."

Seguramente su interés por la anatomía surgió ya en el taller de Verrocchio. La mayor parte de los pintores de su época conocían acerca de la estructura ósea y la musculatura del ser humano lo justo para componer las figuras de sus cuadros con la suficiente verosimilitud. A Leonardo, sin embargo, el cuerpo humano le suscitaba fascinantes incógnitas.

Comenzó a diseccionar cadáveres en Milán buscando hallar los secretos del funcionamiento del cuerpo humano. Para él, dibujar era la mejor forma de conocer. Y dibujó multitud de órganos, articulaciones, huesos y tejidos, desde diferentes ángulos y en sección transversal, intentando descubrir la relación entre forma y función, con una maestría y una belleza nunca antes vista.

Hasta Leonardo, los profesores de anatomía consideraban que las

Diseccionó un león, al que llamó "el rey de todas las bestias", dotado de sentidos mucho más intensos que los del ser humano. Diseccionó también un oso y un mono para ver

ilustraciones confundían a los estudiantes, pero en 1543, *De Humanis Corporis Fabrica*, el primer libro de texto de la medicina moderna, incluyó ilustraciones que estaban inspiradas en sus dibujos. Aún hoy en día se utilizan este tipo de imágenes en la enseñanza de la anatomía. En su lámina *El hombre de Vitrubio*, quizás la más conocida de todas, aparecen sus investigaciones sobre proporciones anatómicas.

Leonardo diseccionó también animales: osos, monos, vacas, ranas... En botánica, fue el primero que realizó dibujos detallados de las plantas. En permanente búsqueda de la conexión esencial existente entre todos los seres vivos, comparaba los tallos y las hojas de las plantas con la anatomía humana. Estableció semejanzas entre la circulación de la sangre y la corriente de los ríos y entre el pulso del corazón y el ritmo de las mareas del mar. "El hombre es el modelo del universo", dijo.

"¿Qué es lo que te mueve, oh, hombre... si no es la belleza del mundo natural?" Su enorme respeto por la naturaleza guió toda su obra. Comparó las ramas de los árboles con las venas del cuerpo. Descubrió que se podía conocer la edad de un árbol contando los anillos de su tronco. Consideraba que el artista debía pintar las plantas y los árboles con el mismo cariño con que se estudia y se retrata a las personas. Aunque sus opiniones no eran compartidas por la mayoría de los artistas de su época, él les aconsejaba: "Consulta para todo con la naturaleza".

A veces, en sus dibujos, Leonardo confiaba demasiado en las semejanzas entre el hombre y los animales. Uno de sus dibujos, el de un feto en el interior del útero, es sorprendentemente acertado, excepto en lo que respecta a la bolsa que contiene el feto. Hay científicos actuales que creen que la forma que tiene la bolsa del dibujo de Leonardo está tomada de una vaca.

"cuán diferente es el pie de un oso y el de un mono con respecto al del... hombre."

"¿Acaso no ves que en el ojo se contiene toda la belleza del mundo?"

"Él ha medido la distancia y el tamaño de las estrellas."

"El ojo es la ventana del alma."

OJO ESQUEMÁTICO DE LEONARDO

Leonardo inventó el proyector simple. Dentro de la caja, la luz de la vela ilumina la flor y pasa a través del lente de cristal que hay en uno de los extremos de la caja. El lente concentra y proyecta la luz sobre una superficie plana, donde aparece la imagen de la flor.

Su cámara oscura funcionaba como una cámara fotográfica. Escribió: "...las imágenes de los objetos iluminados penetran en una cámara muy oscura a través de un pequeño agujero redondo. Después recoges estas imágenes en un papel en blanco dentro de esa habitación oscura y bastante cerca del agujero, y verás todos los objetos sobre el papel con sus propias formas y colores, sólo que mucho más pequeños; y estarán cabeza abajo en razón de todos estos cruces. Dichas imágenes, parecen mismamente pintadas en el papel."

"¿Quién podía imaginar que un espacio tan pequeño contuviera todas las imágenes del universo?" Dada su capacidad de observación y su talento como artista plástico, era perfectamente lógico que Leonardo quedara fascinado por la maravilla del ojo humano. "Él ha descubierto los elementos... y ha dado nacimiento al divino arte de la pintura", dejó escrito. Para Leonardo, el ojo era el órgano más importante del cuerpo, "superior a todos los otros creados por Dios", que dio a los seres humanos "la más completa y magnificente visión de la infinita labor de la naturaleza."

Con objeto de investigar por sí mismo el misterio de la visión, Leonardo recurrió de nuevo al examen y a la disección. El ojo es blando, pero él descubrió que hirviéndolo en clara de huevo alcanzaba el grado de dureza adecuado para ser diseccionado. Para reproducir el funcionamiento del ojo, fabricó un modelo de cristal con sus diversas partes.

Con respecto a los cinco sentidos, dijo: "Este es el ojo, el jefe, el director de todos los demás."

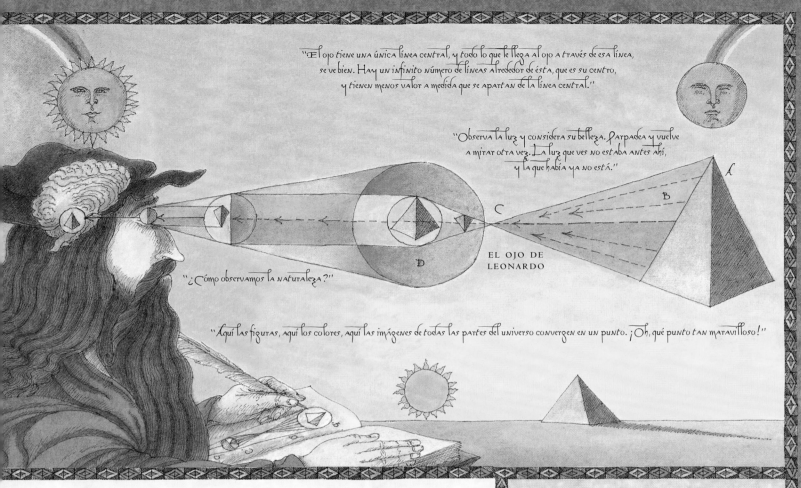

"El ojo tiene una única línea central, y todo lo que le llega al ojo a través de esa línea, se ve bien. Hay un infinito número de líneas alrededor de ésta, que es su centro, y tienen menos valor a medida que se apartan de la línea central."

"Observa la luz y considera su belleza. Parpadea y vuelve a mirar otra vez. La luz que ves no estaba antes ahí, y la que había ya no está."

EL OJO DE LEONARDO

"¿Cómo observamos la naturaleza?"

"Aquí las figuras, aquí los colores, aquí las imágenes de todas las partes del universo convergen en un punto. ¡Oh, qué punto tan maravilloso!"

Los filósofos griegos creían que el ojo lanzaba rayos de visión y que al impactar contra los objetos podíamos verlos. Leonardo entendió que era una teoría equivocada. "Es imposible que sea el propio ojo el que proyecte el poder visual", escribió. Y argumentaba que si los rayos de la visión salían del ojo, tardarían un tiempo en alcanzar los objetos. Señaló que las personas vemos los objetos al instante, nada más abrir los ojos, y para contradecir la teoría clásica puso como ejemplo al sol, que aunque está a una gran distancia, lo vemos nada más mirarlo. Si los rayos salieran de nuestros ojos, concluía, nos llevaría muchísimo tiempo ver el sol. Puede que "más de un mes", dijo. La teoría de la visión de Leonardo se aproxima mucho a la actual. "No hay imagen, ya sea del más pequeño objeto, que no entre en el ojo al revés", escribió.

SU TEORÍA DE LA VISIÓN

Leonardo sostenía que vemos un objeto, A, porque la luz, B, que refleja ese objeto, pasa a través de una pequeña abertura en la superficie del ojo, C, donde se invierte, y llega luego a un lente, D, en el centro del ojo, que la coloca al derecho. No sabía, como ahora sabemos, que el nervio óptico transporta invertida la imagen hasta el cerebro, que es donde se restablece su posición.

"Todo en el cosmos viaja por medio de ondas." Calculó que el sol estaba a 6.500 kilómetros de distancia. Está a 150 millones.

Leonardo descubrió que la pupila del ojo se dilata, es decir, se ensancha en la oscuridad, y se contrae, es decir, se empequeñece al recibir la luz. "Los gatos, las lechuzas, los búhos... tienen la pupila muy pequeña al mediodía y muy grande por la noche", observó. Descubrió las causas de la miopía y se hizo sus propias gafas. Incluso imaginó que en el futuro existirían unos lentes en contacto directo con el ojo para corregir la vista.

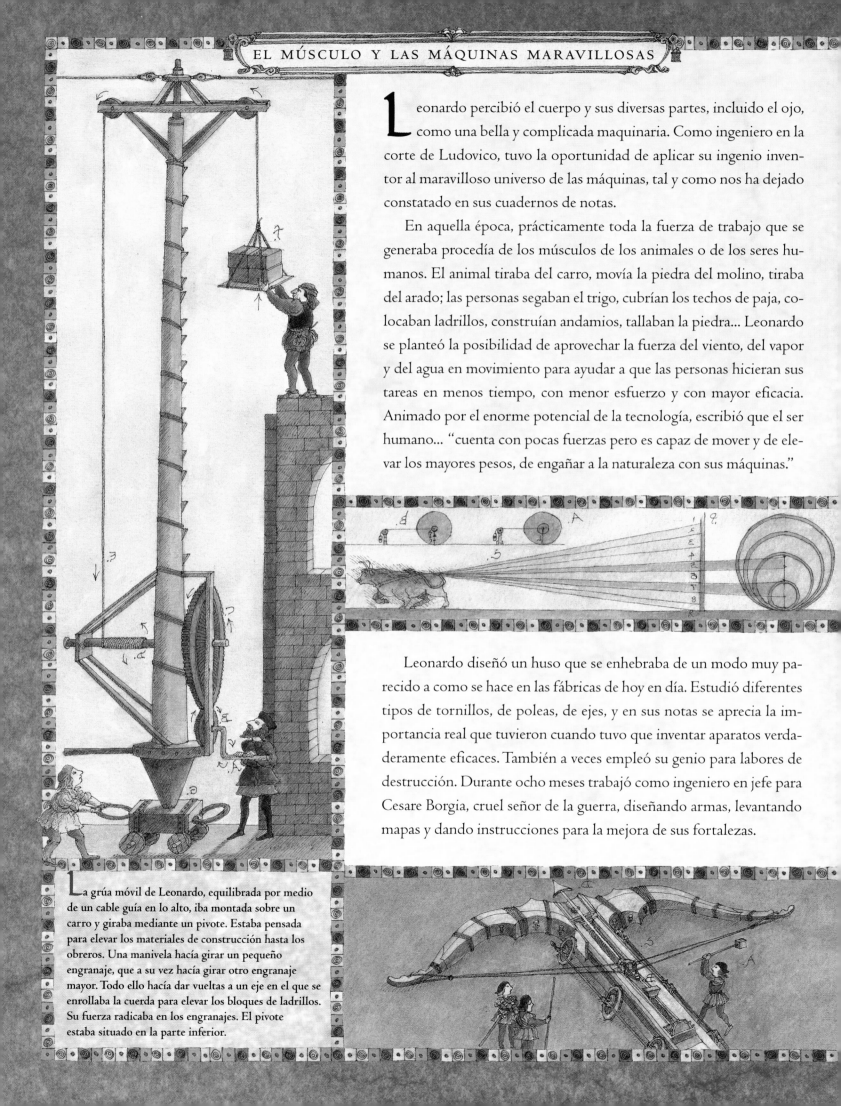

Leonardo percibió el cuerpo y sus diversas partes, incluido el ojo, como una bella y complicada maquinaria. Como ingeniero en la corte de Ludovico, tuvo la oportunidad de aplicar su ingenio inventor al maravilloso universo de las máquinas, tal y como nos ha dejado constatado en sus cuadernos de notas.

En aquella época, prácticamente toda la fuerza de trabajo que se generaba procedía de los músculos de los animales o de los seres humanos. El animal tiraba del carro, movía la piedra del molino, tiraba del arado; las personas segaban el trigo, cubrían los techos de paja, colocaban ladrillos, construían andamios, tallaban la piedra... Leonardo se planteó la posibilidad de aprovechar la fuerza del viento, del vapor y del agua en movimiento para ayudar a que las personas hicieran sus tareas en menos tiempo, con menor esfuerzo y con mayor eficacia. Animado por el enorme potencial de la tecnología, escribió que el ser humano... "cuenta con pocas fuerzas pero es capaz de mover y de elevar los mayores pesos, de engañar a la naturaleza con sus máquinas."

Leonardo diseñó un huso que se enhebraba de un modo muy parecido a como se hace en las fábricas de hoy en día. Estudió diferentes tipos de tornillos, de poleas, de ejes, y en sus notas se aprecia la importancia real que tuvieron cuando tuvo que inventar aparatos verdaderamente eficaces. También a veces empleó su genio para labores de destrucción. Durante ocho meses trabajó como ingeniero en jefe para Cesare Borgia, cruel señor de la guerra, diseñando armas, levantando mapas y dando instrucciones para la mejora de sus fortalezas.

La grúa móvil de Leonardo, equilibrada por medio de un cable guía en lo alto, iba montada sobre un carro y giraba mediante un pivote. Estaba pensada para elevar los materiales de construcción hasta los obreros. Una manivela hacía girar un pequeño engranaje, que a su vez hacía girar otro engranaje mayor. Todo ello hacía dar vueltas a un eje en el que se enrollaba la cuerda para elevar los bloques de ladrillos. Su fuerza radicaba en los engranajes. El pivote estaba situado en la parte inferior.

Uno de los más sorprendentes inventos de Leonardo fue el de la bicicleta, y con un diseño más elegante que las primeras que aparecieron 300 años después. El modelo de Leonardo funcionaba con cadena, exactamente como las bicicletas de hoy en día.

La mayor parte de los inventos de Leonardo nunca se llegaron a construir, o bien porque las técnicas industriales del Renacimiento no estaban tan adelantadas como sus geniales ideas, o bien porque sus patronos no pusieron ni el interés ni el dinero necesario para llevarlos a la práctica. También puede que influyera su propia resistencia a dar a conocer sus inventos, o incluso al desinterés por ver materializados sus proyectos. Actualmente, sin embargo, hay empresas de ingeniería que han hecho funcionar muchas de sus máquinas.

"Nada se mueve si algo no lo mueve." Leonardo demostró que no hay ningún objeto inanimado que pueda moverse por sí mismo. Precisa siempre de una fuerza externa. Durante algún tiempo esta teoría recibió el nombre de Ley de Leonardo. Hoy se denomina Primera Ley de la Dinámica de Newton, o Ley de la Inercia. Fue formulada en lenguaje matemático por Sir Isaac Newton en el siglo XVII.

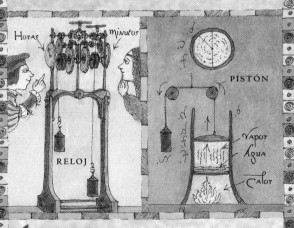

Leonardo inventó un reloj de dos caras: en una aparecían las horas y en la otra los minutos. Antes los relojes mostraban solo las horas. Dos mecanismos distintos eran puestos en marcha mediante el peso de dos cilindros colgados de sendos cables. Éstos hacían girar unas ruedas que obligaban a dar vueltas a unos engranajes a los que estaban acopladas las manecillas. Su revolucionario diseño de un émbolo a vapor se adelanta en 150 años a la primera máquina de vapor.

Entre los inventos de Leonardo hay un tambor mecánico, una llave inglesa y un carro movido por resortes y poleas para hacer mover las ruedas, como algunos cochecitos de juguete actuales.

EL ETERNO HOMBRE-PÁJARO

Durante 25 años, una idea obsesionó a Leonardo más que ninguna otra: que el ser humano pudiera volar. Hizo cientos de bocetos de máquinas voladoras inspiradas en la naturaleza. Observó que las hojas de los árboles caen suave y lentamente. Se dio cuenta de que los murciélagos utilizan sus alas como velas para mantenerse en el aire y para surcarlo. Sus dibujos de pájaros y murciélagos le ayudaron a entender que lo que les permite flotar son las corrientes de aire, de la misma manera que el agua mantiene a flote al nadador. La mayoría de sus estudios sobre máquinas voladoras parten de la rigurosa observación del batir de alas de las aves, y sin embargo él nunca logró resolver el problema de cómo alcanzar la suficiente potencia para que las máquinas se elevaran del suelo y se mantuvieran en el aire. Ahora sabemos que eran artefactos demasiado pesados para despegar solo mediante la fuerza de brazos y piernas batiendo unas alas artificiales.

Leonardo en alguna ocasión se encerró en sus habitaciones para construir en secreto grandes prototipos de alguno de sus diseños. Denominó *uccello* (*pájaro*, en italiano) a todos sus artilugios voladores. Es probable que haya experimentado personalmente al menos con uno de ellos, al que se sujetaba por medio de una correa, porque escribió en sus notas: "Mañana por la mañana, segundo día de Enero de 1496, haré la correa y el intento". Luego no vuelve a mencionarlo más. ¿Consiguió ver el mundo desde "*una vista de uccello*", es decir a vista de pájaro, como tanto deseó?

A partir de 1505, las investigaciones y los diseños de máquinas voladoras desaparecen misteriosamente y por completo de sus cuadernos de notas. ¿Se acabó su ilusión por volar o surgió en él la pasión de nuevos proyectos?

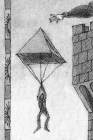

"**S**i un hombre sujeta una lona que sea fuerte y que no tenga ninguna apertura, de doce brazos de ancho por doce brazos de largo, podría lanzarse desde una gran altura sin hacerse el menor daño."

Por lo que sabemos, la última anotación de Leonardo sobre el vuelo fue: "Desde el Monte Ceceri el famoso pájaro echará a volar, lo que extenderá su fama por todo el mundo."

Modernos investigadores señalan que en un cuadro francés del siglo XV y en una vidriera del siglo XVI aparece un niño con un juguete que tiene una especie de hélice de madera en la parte superior de un eje de giro central. Tirando de una cuerda atada al eje y soltándola bruscamente, las fuerzas centrípetas hacen girar la hélice primero para un lado y luego pare el otro. Parece posible que helicóptero de Leonardo estuviera inspirado en un juguete infantil.

El helicóptero de Leonardo era un aspa giratoria, a la que llamó "helix", que en griego significa *espiral*.

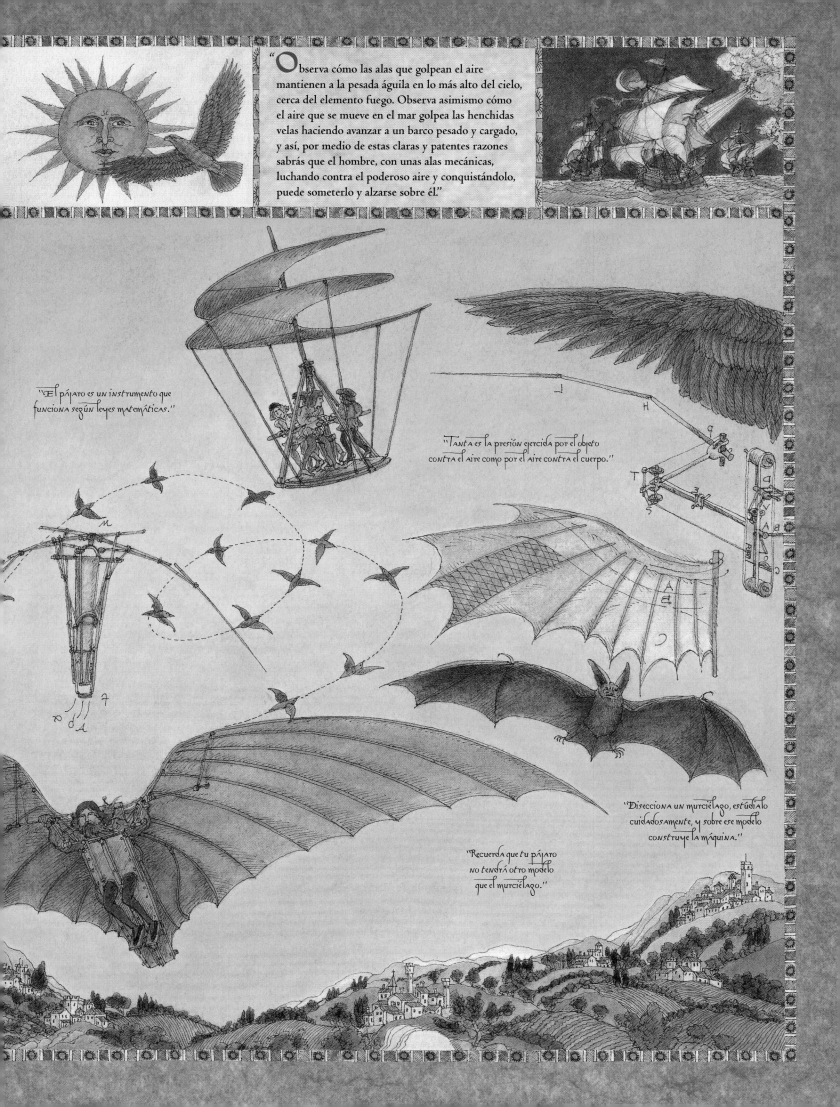

"Observa cómo las alas que golpean el aire mantienen a la pesada águila en lo más alto del cielo, cerca del elemento fuego. Observa asimismo cómo el aire que se mueve en el mar golpea las henchidas velas haciendo avanzar a un barco pesado y cargado, y así, por medio de estas claras y patentes razones sabrás que el hombre, con unas alas mecánicas, luchando contra el poderoso aire y conquistándolo, puede someterlo y alzarse sobre él."

"El pájaro es un instrumento que funciona según leyes matemáticas."

"Tanta es la presión ejercida por el objeto contra el aire como por el aire contra el cuerpo."

"Disecciona un murciélago, estúdialo cuidadosamente, y sobre ese modelo construye la máquina."

"Recuerda que tu pájaro no tendrá otro modelo que el murciélago."

EL AGUA, MOTOR DE LA NATURALEZA

El agua ejerció sobre Leonardo una enorme atracción a lo largo de toda su vida. Pensaba que era la fuerza motriz de la naturaleza y que si lograba comprender las leyes que rigen el movimiento de las aguas en el aire o en la tierra, en forma de lluvia, de río o de corriente marina, llegaría a entender mejor el universo. En sus notas hay continuas reflexiones sobre el agua y multitud de inventos mecánicos para aprovechar su fuerza. Dibujó el agua en casi todas sus variantes: cayendo, salpicando, batiendo, formando olas... Su mano y su ojo eran tan rápidos que, hasta que apareció la fotografía, no existieron imágenes del agua tan perfectas. Pero también temía su poder destructor. Siendo ya anciano, realizó algunos dibujos de terribles inundaciones arrasando ciudades y asolando el mundo.

Leonardo sabía que el agua del mar se evapora y retorna después a la tierra en forma de lluvia, desplazándose por los ríos de nuevo hasta el océano. Esta es su teoría del movimiento de las olas, 150 años antes de ser demostrada: "Las olas del mar no se llevan nada de la orilla. El mar devuelve a las costas todo lo que en él se deja. La superficie del agua mantiene la huella del agua durante algún tiempo."

LOS CUATRO ELEMENTOS

Leonardo, al igual que muchos pensadores de su época, creía en la clásica teoría griega de que el mundo está compuesto por cuatro elementos: tierra, aire, fuego y agua. El agua, para él, era el más importante sin lugar a dudas. Pensaba que el cuerpo humano también estaba constituido por los cuatro elementos y que era una especie de modelo a escala del universo. Nuestra sangre se comporta como las mareas en el océano, decía él, con pleamares y bajamares cada seis horas. Según él, la tierra funciona de forma muy parecida a las personas, y escribió: respiramos "con la respiración del mundo."

LOS CUATRO COLORES

Leonardo creía que la pintura debía imitar a la naturaleza y que cada uno de los cuatro elementos estaba relacionado con un color: el fuego con el rojo, el aire con el azul, el agua con el verde y la tierra con el amarillo.

Leonardo inventó un tubo de bucear muy parecido a los de hoy en día, zapatos hinchables para caminar sobre el agua y un salvavidas de cuero. Para diseñar barcos tomó como modelos a los peces, igual que hizo con los pájaros para imaginar sus máquinas voladoras. Ideó sistemas para desviar ríos y construir diques, esclusas, canales y puentes. Puede que haya sido el primero que comprendió los efectos perjudiciales de la erosión: "El agua corroe montañas y rellena valles", escribió.

Leonardo descubrió que el cielo no es propiamente azul. "Digo que el azul que vemos de la atmósfera no es su verdadero color." Sostenía que los rayos del sol chocan con las minúsculas partículas de agua que hay en el aire, lo que hace que veamos una brillante luz azul destacarse sobre la oscura atmósfera que hay sobre ella. Hoy en día los científicos afirman que se produce la dispersión de una específica longitud de onda, la del color azul, cuando la luz choca contra el polvo, el vapor de agua y otras partículas del aire.

"Dejemos que el maestro Luca nos enseñe a multiplicar raíces."

En 1496, un monje llamado Luca Pacioli es invitado a Milán a enseñar matemáticas. Leonardo enseguida lo acoge como fuente de inspiración y guía personal en dicha disciplina. Pacioli, por su parte, queda fascinado por las teorías, inventos mecánicos e intuiciones de Leonardo. Leonardo, más adelante, hará las ilustraciones de su libro de geometría, *De Divina proportione*.

En la época de Leonardo, el área visible de la luna, el sol, los planetas y las estrellas era llamada "bóveda celeste". La mayoría de los eruditos afirmaba que la tierra estaba en el centro, rodeada por el resto de los cuerpos celestes. Leonardo, basándose en sus propios análisis, rechazaba esta idea. Según su teoría, el sol era el centro del universo. "El sol no se mueve", escribió. "Nada hay en el universo de mayor tamaño y poder que el sol."

Le fascinaba la idea de la existencia de una verdad universal, y la posibilidad de que todo, los seres humanos, los animales, las plantas, la tierra y el agua, estuviera interconectado. Incluso llegó a pensar que el estudio de las matemáticas le llevaría a demostrar el perfecto equilibrio que subyace en el universo. Ya había pensadores que sospecha-

"Aunque las estrellas parezcan pequeñas, muchas son de mayor tamaño que la Tierra." Llamaba a la Tierra "esta estrella nuestra".

El 26 de marzo de 1485 se pudo ver desde Milán un eclipse total de sol. Leonardo ideó un "método para divisar el eclipse sin causar daños en el ojo. Agujerea un trozo de papel con un alfiler y mira hacia el sol a través de ellos."

ban de la existencia de leyes matemáticas universales que explicaran el perfecto orden del universo.

La razón o proporción numérica entre dos objetos diferentes podía ser utilizada para organizar y entenderlo todo, desde las armonías musicales hasta el movimiento de los planetas. Saber cómo operan las proporciones y la geometría en el mundo natural era la clave, según Leonardo, para entender la verdad universal. "No habrá certidumbre en ninguna ciencia en la que no se puedan aplicar los cálculos matemáticos", escribió. En medio del caos del mundo renacentista —entre guerras, inundaciones, y desastres de la peste— tal vez a Leonardo le sirviera de consuelo la idea de una naturaleza regida por un orden racional.

¿Pensó Leonardo construir algo semejante a un gran telescopio? Unos cien años antes de que Galileo dirigiera un telescopio al cielo, él había escrito en sus notas: "Fabrica lentes para ver la luna más grande." Sus planos mostraban un telescopio formado por dos lentes, uno convexo y otro cóncavo. El lente convexo se estaba utilizando ya para agrandar los objetos, pero la adición de un lente cóncavo, "grueso en los bordes, delgado en el centro", era algo novedoso.

Leonardo refutó la idea de los griegos clásicos de que la luna y los planetas producían su propia luz. Escribió: "La luna no tiene luz propia. Sin el sol no brilla. La luna actúa como un espejo esférico."

"Cualquier parte del todo debe estar en proporción con el todo... y esto se aplica a todos los animales y a todas las plantas."

"Pinta los rostros de modo que sea fácil adivinar en qué están pensando."

Mientras pintaba, a veces Leonardo se rodeaba de músicos, cantantes y cómicos que crearan un ambiente festivo.

Leonardo daba este consejo a los aprendices: "En la calle, cuando cae la noche y con mal tiempo, observa con qué gracia y delicadeza se aprecian los rostros de hombres y mujeres... Pinta al final del día, cuando hay nubes o hay niebla, pues se crea una atmósfera perfecta... A esto añadamos la gracia que producen las sombras, que no generan contornos duros, sino que hace que se confundan armoniosamente unos con otros." A él le llevó años lograr crear esa sensación de tersura de la piel, esos "suaves contornos", por medio de finísimas y casi transparentes capas de óleo, unas sobre otras.

Cuando las tropas francesas obligaron al Duque Ludovico a huir de Milán, Leonardo tuvo que buscar un nuevo mecenas que lo acogiera. Se estableció entonces en Venecia con su amigo Luca Pacioli y trabajó como ingeniero militar para el Senado Veneciano, y más tarde para el gran señor de la guerra Cesare Borgia.

En 1503 Leonardo volvió a Florencia y comenzó un retrato al que nunca puso título —aunque en Italia se hizo conocido como La Gioconda y en Inglaterra como la Mona Lisa—. Aunque en la actualidad es un rostro muy famoso, en su época nunca se supo con certeza a quién pertenecía. La mayoría de los estudiosos creen que Leonardo recibió a la delegación de un rico mercader de sedas florentino y que aquella mujer era su esposa, Lisa de Gioconda. Lo más probable es que Leonardo trabajara muchos años en el cuadro, volcando en él todo su poder de observación y su más depurada técnica.

Leonardo creía que el paisaje era algo más que un simple fondo sobre el que destacar la figura humana. Sentía que las personas y la naturaleza estaban unidas por el entorno. "No llegará a la perfección aquel que no ponga el mismo entusiasmo en todos los detalles del cuadro."

Mientras trabajaba en la Mona Lisa, Leonardo comenzó también a pintar un pasaje de la historia de Florencia —La Batalla de Anghiari— para el nuevo consistorio. En él no aparecen edificaciones de ningún tipo y la ropa de los guerreros tampoco alude a ninguna época en especial. Todos los elementos —los rostros llenos de ira de los hombres, las espadas, los cuerpos de los caballos— están compuestos en forma de espiral hacia el interior: no hay escape posible del mortal combate. Leonardo odiaba la guerra, a la que llamaba *pazzia bestialissima* (locura bestial). A Miguel Ángel, su gran rival, le encargaron el mismo cuadro. No se llevaban bien. Miguel Ángel, que era muy pendenciero, insultó a Leonardo por no haber conseguido terminar su gigantesco caballo. Por su parte, Leonardo llamaba "sacos de nueces" a las musculosas estatuas de Miguel Ángel y consideraba que la escultura era un arte inferior a la pintura. "[La escultura es] un ejercicio absolutamente mecánico y sudoroso casi siempre... El pintor, sin embargo, se sienta cómodamente delante de su caballete, bien vestido..." Leonardo procuraba no discutir con Miguel Ángel en público. "El que no controla sus impulsos se sitúa a sí mismo entre las bestias." Aunque ambos artistas hicieron bocetos de tamaño real del cuadro encargado, ninguno de los dos llegó a terminarlo.

Al público le sigue impresionando, desde hace siglos, la tersura de su piel, su misteriosa expresión y la delicadeza con que están tratados los detalles de la ropa y del paisaje que hay tras ella. Leonardo alcanza ese sensual realismo al mostrarnos a la mujer emergiendo de la oscuridad, de manera tal que su figura parece no estar pintada sobre una superficie blanca. La casi palpable sensación de nebulosidad es producto de su maestría en el *sfumato* —una técnica suya consistente en pintar las zonas en sombra con la sutileza del humo—. Además, la figura aparece más próxima al espectador que lo habitual en su época, lo que genera en el espectador una especial sensación de intimidad con la Mona Lisa.

Un pintor joven llamado Rafael copió la Mona Lisa antes de que estuviera terminada y utilizó estos mismos planteamientos en sus propios cuadros. Leonardo había transformado para siempre el arte del retrato.

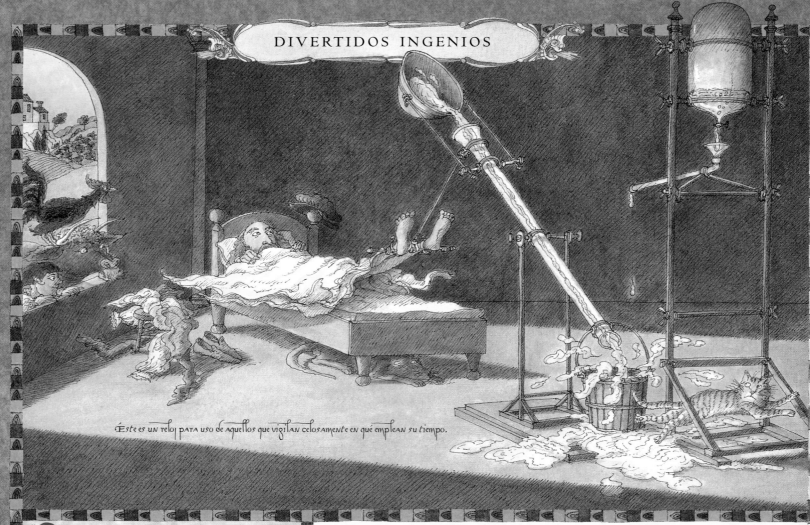

Éste es un reloj para uso de aquellos que vigilan celosamente en qué emplean su tiempo.

"Oh, tú que duermes: ¿qué es el sueño? El sueño es una imagen de la muerte... No duermas hasta el mediodía."

Muchos experimentos de Leonardo no fueron demasiado apreciados. Una vez fabricó unas criaturas muy raras de cera blanda y las llenó de aire. Luego soltó estos grotescos animales por los jardines del Vaticano para terror de los visitantes. Este tipo de bromas podían parecer absurdas, y sin embargo Leonardo perseguía una intención: comprobar que el aire, al calentarse, se expande, e investigar sus posibles utilidades. ¿Soñó con naves volantes, parecidas a nuestros actuales globos aerostáticos? En Roma continuó con sus estudios de anatomía humana, a pesar de que también resultaban problemáticos —le negaron el permiso para diseccionar cadáveres en el Hospital del Espíritu Santo—. Sus invenciones y sus bocetos demostraron ser eficaces cuando su mecenas, Giuliano, le encargó la desecación de los insalubres pantanos que había al sur de la ciudad.

En 1513, después de unos años trabajando para los franceses que habían tomado Milán, un envejecido Leonardo fue invitado a vivir bajo el patronazgo de Giuliano de Medici, general del ejército del Vaticano y hermano del recién nombrado Papa León X. Leonardo viajó a Roma llevando consigo miles de páginas de notas, varios cuadros e instrumental diverso, así como a su fiel amigo y discípulo Francesco Melzi y a su precoz criado, el joven "Salai", *Diablillo*.

El Papa León X, conocido por su sentido del humor, se rodeaba de bufones y de personajes extraños y divertidos. Leonardo afamado bromista, supo también complacerle. Una de sus bromas favoritas

consistía en aplicar un gran fuelle al intestino de una oveja. Él, escondido, inflaba el intestino hasta llenar por entero la habitación, como un globo gigante, lanzando a la gente contra las paredes.

Leonardo consideraba que dormir demasiado era una pérdida de tiempo, por lo que inventó un reloj despertador. Durante la noche iban cayendo gotas de agua en una cubeta suspendida en el aire y unida a un tubo. A medida que la cubeta se iba llenando, descendía; por la mañana, ya pesaba lo suficiente para hacer que, en el otro extremo del tubo, una cacerola volcase el agua que contenía la misma cubeta. Ésta caía al suelo de golpe dando un tirón de los pies del durmiente, que despertaba sobresaltado.

Leonardo encontró en Roma demasiada competencia y en sus notas correspondientes a esa época queda reflejado su desánimo. El joven Rafael era ya un pintor famoso, el favorito del Papa. Su viejo rival, Miguel Ángel, acababa de terminar una serie de impresionantes frescos en la Capilla Sixtina para el Papa. Por si fuera poco, Leonardo nunca fue del todo bien recibido en la corte papal. En una ocasión, éste le encargó un pequeño cuadro y él decidió dar primero una capa de barniz al lienzo. El Papa gritó: "¿Este hombre nunca termina nada? Ya está acabándolo y todavía no lo ha empezado." No volvió a hacerle más encargos.

Fue por esta época cuando Leonardo se hizo un autorretrato con sanguina. Vemos el rostro de un hombre lleno de arrugas, de espesas cejas, barba abundante y con la mirada perdida en la distancia. Este magnífico dibujo es el único retrato fiel que existe de él.

Al rey Luis XII, suegro de Francisco I, le gustaba tanto la *Última Cena*, de Leonardo, que intentó trasladar a Francia la pared del refectorio. Posteriormente, Francisco sentiría el mismo afecto por Leonardo. El castillo del pintor estaba comunicado con su palacio por un túnel subterráneo. Francisco podía ir a visitar a Leonardo cuantas veces quisiera.

Leonardo permaneció al servicio de Giuliano de Medici, hermano del Papa, hasta la muerte de aquél en 1516. Después, el viejo maestro se trasladó a Francia invitado por el joven rey Francisco I. Un año antes, Leonardo se había presentado ante Francisco con un león mecánico que, mediante resortes y palancas, daba unos pasos por sí solo. Y que cuando el rey golpeaba su nariz, salía de su pecho un gran ramo de lirios, la flor de Francia. Aquel curioso regalo fascinó a Francisco.

Era un rey inteligente y decidido y un verdadero mecenas, impulsor del arte, de la literatura y de otras ramas del saber. Instaló a Leonardo en un castillo próximo a la corte real de Amboise y le honró con el

nombramiento de "Primer pintor, ingeniero y arquitecto del Rey". A cambio le pidió que le diera clases de arte y de ciencias naturales.

Leonardo, acompañado por Melzi y por Salai, llegó a Francia llevando como equipaje todos sus libros, sus cuadernos de notas y unos pocos cuadros, entre los cuales estaba la *Mona Lisa*. Francisco quiso comprársela en muchas ocasiones, pero Leonardo nunca quiso venderla. A la muerte de su maestro, Salai heredó el cuadro. Doce años después, en 1530, el rey por fin tuvo la ocasión de hacerse con el codiciado lienzo. Esta es la razón por la que hoy se encuentra en Francia y no en Italia.

Francisco I dijo de Leonardo que no creía "...que hubiera nacido nunca en el mundo entero una mente que supiera de tantas cosas como Leonardo, y no solo sobre escultura, pintura y arquitectura sino, aún más como grandísimo filósofo." La leyenda dice que Leonardo murió en brazos del rey.

"Yo ya he gastado mis horas... Decidme si algo fue hecho."

Francesco Melzi nació en una familia aristocrática de Vaprio, ciudad próxima a Milán. Conoció a Leonardo en 1507 y, con 15 años de edad, dejó a su familia para convertirse en su discípulo y ayudante —sorprendente decisión para un joven noble y con un futuro prometedor—. Melzi quedó destrozado por la muerte de su gran amigo y maestro. "Por muchos que sean mis días, nunca dejaré de sentir dolor", escribió. "Es doloroso para el mundo perderlo, porque no es corriente que la naturaleza cree hombres así."

"Así como un día bien aprovechado produce sueño", escribió Leonardo, "de igual modo, una vida bien vivida lleva a una muerte feliz." Él, sin embargo, al ir haciéndose viejo, comenzó a cuestionarse la validez de su obra. La mayor parte de sus proyectos habían quedado inacabados. Sus notas estaban sin publicar y solo algunos allegados conocían la importancia y la utilidad de sus investigaciones. Aunque había llegado a ser un pintor famoso, solo había terminado unos pocos cuadros, y algunos de ellos ya estaban deteriorados.

¿Había hecho algo que realmente mereciera la pena?

Murió el 2 de Mayo de 1519, a los 67 años de edad, tras haber padecido en los últimos años una parálisis parcial. Fue enterrado, de acuerdo con sus deseos, en la Iglesia de San Florentino, en Amboise, Francia. Francesco Melzi, su leal amigo y discípulo, heredó sus preciosos cuadernos de notas. Él conservó lo que llamaba "un infinito número de volúmenes" durante más de 50 años y organizó sus notas sobre pintura en una colección llamada "Tratado de pintura", que fue editada y tuvo una gran difusión. Esta es la razón por la que, a lo

largo de los siguientes siglos, a Leonardo se le haya conocido fundamentalmente como pintor.

Por desgracia, los herederos de Melzi no comprendieron el valor de los cuadernos de Leonardo. Cuando él murió, su familia dejó que los cazadores de tesoros y los coleccionistas se llevaran fragmentos de sus cuadernos de notas y dispersaran sus páginas sin orden ni concierto por toda Europa. Casi la mitad de su obra fue destruida o extraviada.

Durante la Revolución Industrial parecía que los descubrimientos científicos y los avances tecnológicos iban a transformar el mundo. Los diseños mecánicos de Leonardo y sus investigaciones sobre la naturaleza despertaron un renovado interés y un profundo respeto hacia su pensamiento. En los años 1880 se publicaron por primera vez fragmentos de sus notas relacionadas con una gran variedad de temas científicos. El estilo y la densidad de sus escritos y de su pintura, extraños y maravillosos al mismo tiempo, junto con el misterio de una obra inacabada y de unos textos inéditos, convencieron al mundo de que Leonardo había sido una de las figuras más notables de la historia.

La casa en la que Leonardo pasó los últimos años de su vida aún existe. Los objetos personales que se llevó a Amboise no fueron muchos, teniendo en cuenta todo lo que produjo en vida. Poseía una inmensa colección de dibujos y de notas, sus libros, entre los que se contaba una Biblia, la *Historia Natural* de Plinio, las *Vidas* de Plutarco, los estudios de geometría de Euclides y el *Tratado de Arquitectura* de su compatriota Alberti, y solo tres cuadros: *Santa Ana*, *San Juan* y la *Mona Lisa*. Una reseña en el registro de la Iglesia reza: "En el claustro de esta iglesia fue enterrado Leonardo da Vinci, noble milanés, ingeniero y arquitecto real, gran maestro de mecánica y antiguo director de arte del Duque de Milán."

NOTA DEL AUTOR

En verdad maravilloso y celestial fue Leonardo.

—LAS VIDAS DE LOS ARTISTAS
por Giorgio Vasari, biógrafo del siglo XVI

Poco después de la muerte de Leonardo da Vinci, un estudioso llamado Vasari escribió una serie de biografías en las que describía detalladamente los acontecimientos que marcaron las vidas de muchos artistas del Renacimiento, entre ellas la de Leonardo. Vasari reunió, junto con testimonios de la vida de Leonardo, pequeñas anécdotas relatadas por los que le conocieron, para crear de él un retrato creíble y lleno de colorido, aunque no siempre fidedigno.

Después de Vasari, ha habido escritores e intelectuales de diversas tendencias que han reinterpretado la obra y la vida de Leonardo, intentando establecer un relato convincente de las andanzas de este enigmático hombre y de su creciente importancia. Le cantaron trovadores renacentistas, pero también poetas contemporáneos, como Oscar Wilde y William Butler Yeats. En 1910, Sigmund Freud, el padre del psicoanálisis, publicó un trabajo sobre él: *Leonardo da Vinci y un recuerdo de su infancia.* Einstein ponderó sus conocimientos científicos. Ha influido en artistas y críticos del siglo XVI, como Rafael, y en creadores actuales, como Andy Warhol, artista del pop-art. Cada generación parece aprovechar su obra de un modo diferente.

Investigaciones recientes y descubrimientos fortuitos han logrado recuperar documentos que arrojan nuevas luces sobre su pasado. Los historiadores aún continúan sin llegar a un acuerdo sobre ciertas fechas y detalles de su vida y de su obra. Y siguen debatiéndose cuestiones relacionadas con los encargos que recibió, o sobre su temática, o acerca del grado de participación personal en la realización de ciertas obras de arte.

Los eruditos de hoy en día, igual que los de antaño, aún se sienten capaces de descubrir y de reinventar a Leonardo. Pero unos y otros llegamos a la conclusión de que fue un pintor genial y un investigador revolucionario. Es seguro que su obra y sus ideas, preservadas tanto en museos como en sus fabulosos cuadernos de notas, harán que todo el que se adentre en ellas se sienta inmerso en un fantástico viaje desde el mundo antiguo al moderno, o incluso a mundos aún por conocer.

CRONOLOGÍA

La 'c' que precede a algunas fechas significa "circa" ("aproximadamente").

24 de Abril de 1452 Nacimiento de Leonardo cerca de Vinci, en la Toscana, Italia.

1456 Un tremendo huracán devasta la Toscana (¿origen de la fascinación de Leonardo por la fuerza del agua?).

c1468 Leonardo entra en el taller de Verrocchio, en Florencia.

1469 Nacimiento de Machiavelli, autor de *El príncipe*, tratado sobre el poder político.

1471 Brunelleschi termina la esfera y la cruz que corona la impresionante cúpula de la catedral de Florencia. El taller de Verrocchio es el encargado de la fundición de la estatua de dos toneladas y de encontrar el modo de colocarla en su lugar.

1473 Año de la primera obra conocida de Leonardo, Dibujo del Valle de Arno, actualmente en la Galleria degli Uffizi, Florencia.

1473 Nacimiento de Copérnico, astrónomo polaco que estudió el cielo y afirmó que la Tierra gira alrededor del sol.

1473 Leonardo es admitido en el gremio de pintores de Florencia.

c1473-1476 Termina la *Anunciación*. Este cuadro está ahora en los Uffizi de Florencia. Leonardo ayuda a Verrocchio en el lienzo llamado *El bautismo de Cristo* (Uffizi, Florencia).

1475 Nacimiento de Miguel Ángel, el gran rival de Leonardo.

c1475-1478 Leonardo pinta el *Retrato de Ginevra de'Benci*, actualmente en la National Gallery of Art de Washington, D. C.

c1478 Leonardo pinta *Madonna con niño* (también conocido como *Madonna con flor*), retrato de María y el niño Jesús que se exhibe actualmente en el Hermitage, San Petersburgo, Rusia.

1480 Nacimiento de Magallanes, marino portugués. En 1519, tras la muerte de Leonardo, será el primer hombre que circunnavegará el globo terráqueo.

1481 Leonardo recibe el encargo de pintar la *Adoración de los Magos*. Aunque inacabado, se considera una obra maestra. Se exhibe actualmente en los Uffizi, Florencia.

c1482 Leonardo se traslada a Milán y entra a formar parte de la corte de Ludovico. Por esta época comienza sus cuadernos de notas.

1483 Nacimiento de Rafael, genial pintor y arquitecto, considerado junto con Leonardo y Miguel Ángel uno de los tres grandes artistas del periodo conocido como Alto Renacimiento.

c1483-1486 Leonardo, ayudado por dos artistas menores, pinta la *Virgen de las Rocas*, actualmente en el Louvre, París.

1485 Eclipse total de sol, que Leonardo seguramente observó.

c1484-1846 La peste llega a Milán e inspira a Leonardo para su proyecto de una ciudad ideal.

1487-1488 Leonardo participa en el concurso de diseño de la cúpula de la catedral de Milán y es consultado por el Taller de la Catedral de Milán.

c1488 Leonardo hace bocetos de su gran caballo y estudios de anatomía.

c1490 Leonardo establece su propio taller en Milán.

Enero de 1490 *Il Paradiso* de Leonardo constituye un espectacular divertimento en las celebraciones de boda del joven duque Galeazzo, sobrino de Ludovico, con Isabel de Aragón en Milán.

1490 Leonardo comienza a tomar notas para un tratado sobre la fuerza del agua, o hidráulica.

Julio de 1490 Giacomo, un niño de 10 años, se va a vivir con Leonardo como sirviente. Demuestra ser una pesadilla de criatura, robando dinero y quitándole un lápiz de plata a uno de los discípulos de Leonardo. Leonardo lo apoda Salai ("demonio" en toscano). Salai seguirá importunando a todos, pero Leonardo le toma mucho cariño y lo invita a acompañarlo a todas partes. Giacomo permanecerá con su maestro hasta la muerte de éste en 1519.

1491 Leonardo diseña el vestuario de las fantásticas fiestas de la doble boda de Ludovico con Beatrice d'Este y Anna Sforza con Alfonso d'Este.

1492 Cristóbal Colón, italiano de nacimiento, sale de España hacia lo que será el llamado Nuevo Mundo. Él cree que llegó a Asia.

c1488-1493 Leonardo pinta retratos de algunos miembros de la corte milanesa, entre ellos el de la esposa de Ludovico, Cecilia Gallerani, llamado *Dama con armiño*.

1493 Un modelo de barro del caballo de Leonardo es exhibido con gran pompa en Milán. Los asistentes lo consideran una maravilla.

1494 Ludovico Sforza se convierte oficialmente en Duque de Milán al morir su sobrino.

Principios de la década de 1490 Leonardo estudia las aves para desarrollar su teoría del vuelo y hace bocetos de multitud de máquinas voladoras.

c1495-1498 Leonardo pinta la *Última Cena*.

1496 Luca Pacioli, monje franciscano y matemático, llega a Milán. Leonardo se hace amigo suyo y un gran aficionado a las matemáticas.

c1499 Leonardo dibuja el boceto al tamaño natural de *La Virgen y el Niño con Santa Ana y San Juan Bautista*. Actualmente en la National Gallery, Londres.

1499 Los franceses invaden Milán y destruyen el caballo de Leonardo.

1499-1500 Leonardo se instala en Venecia y trabaja para el Senado veneciano como ingeniero militar.

1502 Leonardo entra al servicio de Cesare Borgia, para el que dibuja mapas y construye fortificaciones. Conoce y se hace amigo de Machiavelli, que viaja con Borgia como servidor de la república florentina.

1503 La campaña de Borgia termina. Leonardo regresa a Florencia.

1503 Amerigo Vespucci, explorador florentino y conocido de Leonardo, publica una relación de sus viajes cruzando el Atlántico. Vespucci lo titula *Mundus Novus*. A diferencia de Colón, Vespucci entiende que la nueva tierra no forma parte de Asia.

1503-1506 Leonardo pinta una nueva *Virgen de las Rocas*, que actualmente se exhibe en la National Gallery de Londres.

c1503-1504 Leonardo comienza a pintar la *Mona Lisa*.

Octubre de 1503 Leonardo, encargado de pintar una batalla para el Palazzo Vecchio de Florencia, elige una victoria florentina sobre los milaneses en 1440 El cuadro queda inacabado en la pared y continúa deteriorándose durante 60 años, debido a la técnica experimental que utiliza. Sabemos cómo era por las copias de otros pintores.

1504 Miguel Ángel termina la bellísima escultura de David. Leonardo es miembro de la comisión que decidirá dónde situarla en Florencia.

1504 Rafael, pintor de 21 años, se traslada a Florencia. Aprende tanto de Leonardo como de Miguel Ángel.

1505 Dejan de aparecer abruptamente los estudios y bocetos de pájaros y máquinas voladoras en sus cuadernos de notas.

1506 El Papa Julio II encarga a Bramante, que trabajó con Leonardo para Ludovico, la reconstrucción de la basílica de San Pedro, catedral del Vaticano desde el siglo IV.

1506 Leonardo parte para Milán para una breve visita pero se queda siete años. Conoce a Francesco Melzi, joven aristócrata que se convertirá en discípulo suyo, amigo y compañero. Leonardo pinta y estudia anatomía.

1509 Publicación de *De divina proportione* por el matemático Pacioli, con ilustraciones de Leonardo.

c1510 Leonardo trabaja en otro cuadro que quedará inacabado: *La Virgen con el Niño y Santa Ana*. Se expone actualmente en el Louvre.

1512 Miguel Ángel termina el fresco del techo de la Capilla Sixtina, en el Vaticano, Roma. Representa escenas del Antiguo Testamento.

1513 Leonardo viaja a Roma con Melzi y Salai.

c1513-1516 Leonardo trabaja en el que será su último cuadro, un dramático retrato de San Juan Bautista. Actualmente en el Louvre.

c1512-1514 Leonardo dibuja su autorretrato a sanguina. Aunque existen otras imágenes suyas, este retrato es el único fiable. Nos muestra el rostro de un hombre lleno de arrugas, de espesas cejas, barba abundante y la mirada perdida en la distancia.

1516 Leonardo marcha a Francia con Melzi, Salai y todas sus pertenencias.

2 de Mayo de 1519 Muere Leonardo. Deja sus cuadernos de notas a Francesco Melzi y la mayor parte de sus cuadros a Salai.

1525-1530 Giacomo (Salai) muere. El rey de Francia consigue por fin comprar los cuadros que Leonardo le había legado. Muchos de ellos pueden verse hoy en el Louvre, París.

1570 Francesco Melzi muere en Milán. Sus herederos permiten la dispersión de sus notas durante los próximos siglos. Las anécdotas que se producen alrededor de dichas notas son sustanciosas. Pompeo Leoni, escultor al servicio del Rey de España, logró comprar un buen número de estas notas perdidas. Las recortó, las pegó en hojas de papel, las ordenó por temas y las reunió en dos grandes volúmenes. Uno de ellos, con cuatrocientas hojas de anotaciones y más de setecientos dibujos, es hoy conocido con el nombre de *Codex Atlanticus*. Éste llegó a Milán y permaneció en la Biblioteca Ambrosiana hasta 1796, año en que Napoleón Bonaparte los incluyó, junto con otros manuscritos de Leonardo, como parte del botín que se llevó a Francia. Bonaparte lo justificó diciendo que "Todos los genios... son franceses, no importa el país en el que hayan nacido." En 1815, al terminar las guerras napoleónicas, el *Codex Atlanticus* fue devuelto a Milán; los otros manuscritos que se llevó Napoleón continúan en el Institut de France. Hacia 1760, el bibliotecario real descubrió unas notas de anatomía de Leonardo en un baúl del Palacio de Kensington, en Inglaterra. Ahora se muestran en el Palacio de Windsor, también en Inglaterra. En 1965, en la Biblioteca Nacional de Milán se halló un gran lote de notas que estaban perdidas desde el año 1866. Estas páginas aportaron una preciosa información a los biógrafos de Leonardo sobre sus años en Milán. Es probable que en el futuro se sigan recuperando hojas perdidas.

1651 Se publica el *Tratado de pintura* de Leonardo, recopilado por Melzi. La amplia difusión de sus teorías y de sus consejos prácticos sobre pintura refuerza la idea de un Leonardo fundamentalmente pintor.

Década de 1880 Se publican y se estudian por primera vez diversas recopilaciones de notas de Leonardo. Se reconoce al fin la universalidad de su talento, que abarca un aparentemente interminable ámbito de conocimientos, plagado de afanes y de éxitos. Leonardo da Vinci comienza a ser considerado como el paradigma del genio.

BIBLIOGRAFÍA

Leonardo da Vinci, 1452-1519; Frank Zöllner. Editorial Taschen, 2000

Leonardo da Vinci; Frank Zöllner. Editorial Taschen, 2003

Profecías; Leonardo da Vinci. Ediciones la Tempestad, 2004

Leonardo, catálogo completo; Pietro C. Marani. Ediciones Akal, 1993

Notas de cocina de Leonardo da Vinci; Leonardo da Vinci. Ediciones Temas de Hoy, 1999

Leonardo da Vinci y la música; V.V.A.A. Biblioteca Nacional, 2003

Arte ilustrado de Leonardo da Vinci. Arte, ciencia y las máquinas; V.V.A.A. Susaeta Ediciones, 2003

Me llamo... Leonardo da Vinci; Antonio Tello. Parramón Ediciones, 2004

Leonardo da Vinci, un adelantado en la ciencia y las artes; Ángel Ulapes. Longseller, 2002

Leonardo da Vinci. Pintor, inventor, visionario, matemático y filósofo; Jean-Claude Frere. Lisma Ediciones, 2001

Leonardo da Vinci; Sherwin B. Nuland. Random House Mondadori, 2002

El romance de Leonardo; Dmitri Merezhkovski. Edhasa, 2004

Leonardo Da Vinci, la encarnación de un genio; Marcel Brion, Ediciones B, S. A., 2005

Leonardo Da Vinci (Grandes maestros del arte italiano); Peter Hohenstatt, Konemann, 2000

Leonardo Da Vinci (Doce grandes maestros del arte cristiano); Bruno Santi, Edibesa, 2002

Leonardo Da Vinci: Mona Lisa; Thomas David, Lóguez Ediciones, 1998

La personalidad expresiva de Leonardo Da Vinci; José Mª Cid Rodríguez, Grupo Editorial Universitario, 2004

La vida y obras de Leonardo Da Vinci; Linda Doeser, CP 67 Editorial, 1997

Leonardo Da Vinci: el vuelo de la razón; Carlos Rodrigues Gesualdi, Libertarias-Prodhufi, 2000

El último secreto de Da Vinci; Ángel Gutiérrez / David Zurdo, Ediciones Robinbook, S. L., 2004

El diario secreto de Da Vinci; David Zurdo, Ediciones Robinbook, S. L., 2004

Pensar como Leonardo Da Vinci; Michael J. Gelb, Editorial Planeta, S. A., 1999

Aforismos; Leonardo Da Vinci, Espasa-Calpe, S. A., 1999

OBRAS DE REFERENCIA PARA ALGUNAS ILUSTRACIONES

Coughland, Joseph. *Dentro del Vaticano*. Nueva York: W. H. Smith Publishers, Inc., 1990

Fusi, Rolando. *Mirando Florencia*. Florencia: Bonechi Editore, 1972

Hay, Denis, ed. *La edad del Renacimiento*. Nueva York, Toronto, Londres, Sydney: McGraw-Hill, 1976. Fotos, grabados y reproducciones de arte excelentes como referencia para el vestuario y la arquitectura de la época.

Pucci, Eugenio. *Todo Roma y el Vaticano*. Florencia: Bonechi Editore, 1975

PÁGINAS WEB EN CASTELLANO RELACIONADAS CON LA VIDA Y OBRA DE LEONARDO DA VINCI

www.artehistoria.com/genios/pintores/2516.htm

www.epdlp.com/pintor.php?id=402

http://juacof.tripod.com.ar/davinci.html

http://educacion.123.cl/tareas/biografias/leonardo_da_vinci.htm

www.imageandart.com/tutoriales/biografias/da_vinci/

www.navego.com.ar/biografias/personajes/leonardo_da_vinci.htm

http://buscabiografias.com/cgi-bin/verbio.cgi?id=65

http://centros5.pntic.mec.es/ies.victoria.kent/Rincon-C/Cie-Hist/Leonardo/vida.htm

www.biografiasyvidas.com/biografia/l/leonardo.htm

www.ivu.org/spanish/history/davinci/

http://webs.adam.es/rllorens/picuad/leonardo.htm

www.proverbia.net/citasautor.asp?autor=270

www.monografias.com/trabajos14/leonardodavinci/leonardodavinci.shtml

www.artelatino.com/QuienFue/leonardo/Leonardo.asp

http://hfc.ucr.ac.cr/leonardo.html

http://icarito.latercera.cl/enc_virtual/archivo/web/seman35/personaj.html

http://redescolar.ilce.edu.mx/redescolar/publicaciones/publi_quepaso/leonardo_da_vinci.htm

www.cossio.net/actividades/pinacoteca/p_02_03/leonardo.htm

Para Tracy

Título original: *Leonardo Beautiful Dreamer*

Adaptación de Miguel Ángel Mendo

Fotocomposición: Editor Service, S. L.

Editado por acuerdo con Dutton Children's Books, una división de Penguin Young Readers Group.

Copyright © 2003 Robert Byrd

Diseño de Robert Byrd, Sara Reynolds y Richard Amari.

Primera edición en lengua castellana para todo el mundo:
© 2005 Ediciones Serres, S. L.
Muntaner, 391 – 08021 – Barcelona

www.edicioneserres.com

ISBN: 84-8488-215-2

Si tú, hombre, que percibes en esta, mi obra, la maravillosa obra de la naturaleza,

piensas que sería un acto criminal destruirla, imagina si será criminal tomar la vida de cualquier hombre;

y si ésta, en su forma externa, te parece maravillosamente compuesta, recuerda que no es nada comparada

con el alma que habita en su estructura; puesto que, en verdad y sea como fuere, es divina.

Déjala pues que habite en Su obra a Su propia voluntad y placer y no permitas

que tu maldad o tu ira destruyan una vida, porque ciertamente el que no la valora, no la merece.

Si el pintor desea sentirse cautivado por la belleza, tiene derecho a crearla, y si lo que desea es sentir el espanto de la monstruosidad, o la bufonería, o la ridiculez, o lo lastimoso, debe ser muy dueño de crearlos.

El pintor compite y rivaliza con la naturaleza.

No me dirijo a aquellos que persiguen hacer dinero con el arte sino a aquellos que buscan el honor y la gloria.

¡Oh, tú, pintor! Cuida que el ansia de ganancias no suplante en ti la dignidad del arte; porque conquistar la gloria es mucho más valioso que el esplendor de la riqueza.

No es riqueza aquello que se puede perder; la virtud es el verdadero bien y la verdadera recompensa para el que la posee. Ésta no puede perderse; nunca nos abandona, excepto cuando la vida nos deja. En cuanto a las propiedades y a las riquezas externas, échate a temblar; que a menudo desprecian a sus poseedores y de ellos se mofan cuando las pierden.

Si te llega la fortuna, agárrala fuerte por el copete, porque yo te digo que por detrás es calva.

El hierro se oxida si no se usa; el agua estancada pierde su pureza y se congela con el frío; así mismo la inactividad mina el vigor de la mente.

Preferiría perder la capacidad de movimiento que la de ser útil. Preferiría la muerte a la inactividad.

El deseo de conocimientos es natural en los buenos hombres.

Conocerlo todo es posible.

Los obstáculos no me asustan. Todo obstáculo cede ante la firme decisión de resolverlo El que se fija a una estrella no cambia de opinión.

¡Quiero realizar milagros!

Por ambición hay hombres que querrían elevarse en el cielo, pero el excesivo peso de sus miembros los harán caer a tierra.